英语教学理论与实践探究

李 婕◎著

吉林出版集团股份有限公司
全国百佳图书出版单位

图书在版编目（CIP）数据

英语教学理论与实践探究 / 李婕著 . -- 长春 : 吉林出版集团股份有限公司 , 2023.6
ISBN 978-7-5731-3949-8

Ⅰ . ①英… Ⅱ . ①李… Ⅲ . ①英语－教学研究 Ⅳ . ① H319.3

中国国家版本馆 CIP 数据核字 (2023) 第 126934 号

英语教学理论与实践探究
YINGYU JIAOXUE LILUN YU SHIJIAN TANJIU

著　　者	李　婕
责任编辑	祖　航
封面设计	李　伟
开　　本	710mm×1000mm　　1/16
字　　数	200 千
印　　张	12.5
版　　次	2024 年 3 月第 1 版
印　　次	2024 年 3 月第 1 次印刷
印　　刷	天津和萱印刷有限公司

出　　版	吉林出版集团股份有限公司
发　　行	吉林出版集团股份有限公司
地　　址	吉林省长春市福祉大路 5788 号
邮　　编	130000
电　　话	0431-81629968
邮　　箱	11915286@qq.com
书　　号	ISBN 978-7-5731-3949-8
定　　价	72.00 元

版权所有　翻印必究

作者简介

李婕,女,湖南中医药大学讲师。毕业于英国兰卡斯特大学,研究方向为英语教学、英美文学、翻译。曾获2020年湖南省普通高校外语课程思政比赛大学英语组 团体二等奖,2020年湖南省普通高校教师课堂教学竞赛三等奖。

前　言

改革开放以来，我国逐步确立了走出去的发展战略，时至今日也在国际舞台上取得了相应的话语权。然而，与其他国家交流势必要运用英语这一国际通用语言，因此，学好英语成为我国实行走出去战略的重要一步。作为国家未来的希望，学生承担着社会各方面的殷切期望，所以加强学生英语学习，提高语言应用能力也是重中之重。

高校学生在理论与实践相结合中学习英语，能够切实提高他们对于英语这一语言的掌握力和感悟力，帮助他们将英语运用到实践中去。为此，教师在教学中应该认识到理论与实践相结合是时代发展的需要，也是教学改革和学生成长的需要。教师应该重视理论的基础性作用，合理选择实践方法，科学地将理论与实践相结合，这样才能正确发挥出理论结合实践对高校英语教学改革的促进作用。

本书着重从英语听、说两个方面来讲述英语教学。第一章为英语教学概述，分别介绍了英语教学的理论基础、英语技能教学以及英语教学的方法三个方面的内容；第二章为英语听力教学概述，主要介绍了三个方面的内容，依次是英语听力教学的原则、英语听力教学的内容与目标以及英语听力教学的问题；第三章为英语听力教学研究，分别介绍了三个方面的内容，依次是英语听力教学的基础理论、英语听力教学的策略探讨、英语听力教学的活动设计；第四章为英语口语教学概述，依次介绍了英语口语教学的原则，英语口语教学的内容与目标以及英语口语教学的问题三个方面的内容；第五章为英语口语教学研究，主要介绍了三个方面的内容，分别是英语口语教学的基础理论、英语口语教学的策略探讨、英语口语教学的活动设计；第六章为英语听说教学研究，依次从三个方面展开叙述，分别是英语听说教学的原则、英语听说教学的策略以及英语听说教学的展望。

在撰写本书的过程中，作者得到了许多专家学者的帮助和指导，参考了大量的学术文献，在此表示真诚的感谢！限于作者水平有不足，加之时间仓促，本书难免存在一些疏漏，在此，恳请同行专家和读者朋友批评指正！

李婕
2023 年 1 月

目 录

第一章 英语教学概述 ·· 1
    第一节 英语教学的理论基础 ······································ 3
    第二节 英语技能教学 ·· 32
    第三节 英语教学的方法 ·· 55

第二章 英语听力教学概述 ·· 81
    第一节 英语听力教学的原则 ······································ 83
    第二节 英语听力教学的内容与目标 ································ 94
    第三节 英语听力教学的问题 ······································ 99

第三章 英语听力教学研究 ··· 113
    第一节 英语听力教学的基础理论 ································· 115
    第二节 英语听力教学的策略探讨 ································· 117
    第三节 英语听力教学的活动设计 ································· 126

第四章 英语口语教学概述 ··· 131
    第一节 英语口语教学的原则 ····································· 133
    第二节 英语口语教学的内容与目标 ······························· 140
    第三节 英语口语教学的问题 ····································· 143

第五章　英语口语教学研究…………………………………………147
　　第一节　英语口语教学的基础理论……………………………149
　　第二节　英语口语教学的策略探讨……………………………156
　　第三节　英语口语教学的活动设计……………………………163

第六章　英语听说教学研究…………………………………………171
　　第一节　英语听说教学的原则…………………………………173
　　第二节　英语听说教学的策略…………………………………179
　　第三节　英语听说教学的展望…………………………………184

参考文献………………………………………………………………187

第一章　英语教学概述

我国的英语教学为社会的发展、人才的培养做出了重大的贡献。本章对英语教学的相关内容进行介绍，主要从三个方面展开叙述，分别是英语教学的理论基础、英语技能教学以及英语教学的方法。

第一节 英语教学的理论基础

英语教学的实践性很强,为社会培养了一批又一批高素质的英语人才。时代在进步、社会在发展,英语教学的改革与发展受到越来越多人的关注及重视,以全新的视角,教育界开始探讨英语教学理论和英语教学研究。本节就是基于以上内容做了详细的分析和探讨,以期对教师在具体的英语实践和教学课堂中有所帮助。

一、语言本质理论

语言的发展史经过了很长的时间,然而,讨论语言本质问题从来没有中断过,而且越来越多的专家和学者开始注意到语言本质,并对其进行更为深入的认识和研究。以下论述就是以语言本质理论作为出发点,结合语言的功能理论、交际能力理论及言语行为理论,做详细论述:

(一)语言功能的理论

英国功能学派的标志性人物——韩礼德,他侧重于研究社会功能层面,他认为语言是动态的,是不断变化的,语言的社会功能同时会相应地影响自身。因此,十分有必要研究语言的充分使用,并集中语言的所有功能和构成意义的全部成分。接下来,我们会对韩礼德主张的语言功能分类进行阐述。

1. 微观功能

韩礼德认为微观功能主要出现在儿童母语学习的初始阶段,并且包括了七种功能[1],分别为个能功能、规章功能、想象功能、启发功能、工具功能、相互关系功能、信息功能。

2. 宏观功能

宏观功能与微观功能进行比较可以发现,宏观功能相对更加复杂、更加丰富和更加抽象。并且,宏观功能是儿童向成人语言过渡时产生的语言功能,主要分为以下两种:

---

[1] 唐纳德·韩礼德.韩礼德语言学文集[M].长沙:湖南教育出版社,2006.

（1）实用功能

实用功能指儿童在学习语言早期，由工具、相互关系和控制三种功能所延伸出来的功能，并且是儿童把语言作为做事的方式和手段的功能。

（2）理性功能

理性功能衍生于儿童学习语言早期微观功能当中的个人启发功能，并且是儿童把学习知识和观察事物作为一种手段和途径的功能。

宏观功能为儿童早期进行语言学习时的过渡功能，它与微观及纯理功能是延续的关系，这也在一定程度上显示出了人类语言功能可以依据情况运用到各个场合，也在一定程度上显示出人们在使用语言进行交流的过程中，也要进行相应的语言创造才行。

3. 纯理功能

韩礼德主张的纯理功能对语言学派有不可忽视的影响，主要包括以下三个方面：

（1）人际功能方面

人际功能方面指的是语言所具有的表明、建立与维护社会关系方面的功能。运用这种功能，讲话的人能够在某种环境下将自己的真实想法、推断和态度进行完整表达，并在一定程度上对他人产生影响。

（2）篇章功能方面

篇章功能方面是指语言所具有的创造通顺的话语和连贯的篇章，并且十分切合题目的功能。韩礼德还认为语篇其实是具有一定功能的语言。

（3）概念功能方面

概念功能方面是指人们运用恰当的语言对自己亲身经历的事情和自身的感想进行概述的功能。也就是说，人们通过概念来对经验进行解码，从而达到对事物的表达及阐述这一目的。

韩礼德还主张，每个句子都可以在一定程度上体现出上述三种功能，且通常以并存形式存在。关于语言的本质，韩礼德的观点不仅为人类提供了新的角度，还有助于语言学界对语言的进一步理解和探究，也为后来产生的交际法教学流派奠定了一定的理论基础。

（二）言语行为的理论

奥斯汀于 20 世纪 50 年代建立了言语行为的相关理论。在上述理论基础上，美国的塞尔又作了改进，渐渐地形成了一种用来解释人类语言交际的理论，这就是言语行为理论。言语行为理论在一定程度上加快了语言教学的发展，同时也成为意念大纲的产生、发展的理论基础。通常在语言教学以及大纲设计过程中，言语行为都会称作"功能"或者是"语言功能"。以下就是奥斯汀和塞尔的言语行为理论。

1. 奥斯汀

奥斯汀把话语分为表述句和施为句两方面。同时，他还基于此内容，建立了言语行为的三分说理论。[1]

（1）表述句

表述句的定义：用于描写客观事物、报道客观事件、陈述客观事实的句子。人们可以通过验证辨别表述句的真假。比如，"Robert is lying in bed"这句话，假如 Robert 真的在床上躺着，那么这句话就是真的；假如 Robert 没有在床上躺着，那么这句话就是假的。

（2）施为句

施为句的定义：通过创造新事态从而改变世界的句子。施为句不同于表述句，并不能验证真假，也就没有真假值之分。如"I call the toy horse Spirit"这句话，是没办法进行验证也不知道真假的。此句话的意义是将玩具马进行命名，也就是说在一定程度上改变了客观的世界。

从以上可以看出，两种句子存在的差别，表述句是以言指事与以言叙事，施为句是以言行事与以言施事。

（3）三分说理论

奥斯汀提出的三分说具体可以分为以下三个方面：

① 以言指事的行为

以言指事的行为就是指通过对发音器官的移动，发出相应的话语，从而按照一定的规则将这些话语排列成相应的词组或句子。一般都是代表意义上的行为。

---

[1] J.L. 奥斯汀. 如何以言行事 [M]. 北京：商务印书馆，2017.

②以言行事的行为

以言行事的行为就是采用说话的方式来实施相应的行为或进行做事。该行为具体表明的是说话人的意图（语力）。奥斯汀把该语言行为分成了五个方面，这五个方面分别是评价行为、施权行为、承诺行为、论理行为、表态行为。

③以言成事的行为

以言成事的行为通过言语的方式不同产生不同的效应，也就是说说话所带来的一定的后果。在这里要特别表明的一点是，以言成事行为和以言取效行为都是指通过说话导致的相应的结果，且不管结果怎样，都与说话人的意图没有关系。

2. 塞尔

塞尔在奥斯汀的理论基础上进行了相应的改良，并提出了相应的间接言语行为理论。下面进行具体分析：

（1）以言行事行为的分类

①承诺类

承诺类指说话的人对未来即将要发生事情的行为所进行的不同程度的保证和承诺，承诺类以言行事行为的动词有 threaten，guarantee，promise，commit 等。

②表达类

表达类指说话的人具有的某种心理状态。表达类以言行事行为的动词有 apologize，welcome，regret，boast 等。

③断言类

断言类指说话的人针对某一事情所做出的判断和态度的表明。断言类以言行事行为的动词有 state，remind，inform，claim 等。

④宣告类

宣告类指说话的人所要表明的命题的相关内容和客观现实是相同的。宣告类以言行事行为的动词有 nominate，announce，declare，resign 等。

⑤指令类

指令类指说话的人指使或者命令别人去做相应的事情。指令类以言行事行为的动词有 invite，order，advise，suggest 等。

塞尔提出的重新分类的方法由于其科学性和实用性，至今仍在运用。

（2）间接言语行为理论

间接的言语行为就是指采用对另一行为的实施的方法，从而达到间接实施言语行为目的的一种行为。如"Can you pass the bottle for me?"这句话，在言语行为的方面来看，表面上看似是在询问，但其实是在表达"请求"。也就是说，在该句中，"请求"是借助"询问"的方式来间接实施的。

塞尔还提出，把间接言语行为分为以下两类：

①规约性间接言语行为

规约性间接言语行为一般是基于对听话人的礼貌行为，并且依据说话人使用的句法形式可以推断出相应的语义。

②非规约性间接言语行为

非规约性间接言语行为一般相对复杂，并且一般都要依据交际双方的共识语言信息对当下的处境等情况做出合理判断。

二、二语习得理论

（一）二语习得理论的概念

从20世纪60年代起，人们研究发现，人们获得语言能力的机制，特别是获得外语能力的机制，可以与许多种学科相结合。比如语言学或者社会学等，然后一步步形成了第二语言习得学科，人们常常将其称为"二语习得"。

（二）二语习得研究的流派

从20世纪70年代起，一些人开始以不同的角度去研究二语习得，研究者采用的探讨和研究方法也是多种多样，各具特色的。《第二语言习得研究》（作者罗德·埃利斯）一书中提到，第二语言习得研究现在正朝着多个方向扩展延伸，当然他们的研究理论的来源或者视角也都是不同的。二十多年来，第二语言习得理论随着时代的进步与发展也在不停地发展和产生，这正是基于研究者从不同层面和不同方法进行研究的结果，其中主要包含两个方面：

1. 普遍语法理论

（1）基本内涵

语言学家乔姆斯基在理论中提到，人们所具有的普遍的语言方面的知识基本是遗传基因在起作用，所以乔姆斯基将这种来自先天的知识称作"普遍语法"。该语法主要强调两个方面：一个是语言习得在产生的过程中先天的语言机制所起到的作用；一个是语言习得在产生过程中语言存在的共同的规律性所起到的作用。但是，如果人们没有这种天赋，那么，第一语言和第二语言就更无从谈起。其中的原因就是，当人们在语言习得过程中，语言的有关数据很少，少到不足以产生这种行为。因此，乔姆斯基的见地就是语言在一定程度上也是说话人本身的心理活动产生的相应结果。婴儿从一出生就拥有语言学习的能力，所以说，当语言错误的时候没有去纠正的必要，当年龄达到某种程度，人们总结生活经验，就能够自己进行矫正。一些人们使用语言时，通常会以语法去进行核对，以此确保语言的正确性，以上就是人们以学习的方式对自己的一种监控。随着人们年龄的不断增长，人们的语言水平也在不断地增长，此时，人们对自己的监控就会变少。因此，从本质上理解，通过"学习"并不能得到语言，语言知识在人们的大脑中存在的语法原则是天赋。人们没必要去专门地进行学习，当然，我们也不能违反其中的原则。

普遍语法模式的基本概念中不仅包含原则，而且包含参数，以上两个内容分别就语言和语言之间的共性、差异性作了具体的探讨。

①原则

原则就是适用于所有人类语言的高度抽象化的语法属性。

②参数

参数是语言间差异性的具体体现，不同语言之间的差异性可以用相应的参数值来体现。

（2）普遍语法与二语习得

普遍语法理论强调第二语言的获得过程是以语言相应的参数值为基础的，并且将第一、第二语言当中所体现语言规律和语言特性与第二语言习得的过程相结合，从而对习得的现象进行具体的解释和分析。该假设想要证明第二语言来源于相对独立的语言机制，并不来源于认知系统。该假设所体现出的优点有：以最新的原因理论为基点，对二语习得进行理解和探究，同时引起相关研究者对语言迁移现象的认识和评估。

然而，有不少学者对该理论还是持怀疑的态度。并且由于此理论相较于其他理论来讲较为抽象，普遍的语法理论不能够从根本上对具体的实践教学产生积极的引导和作用，因此，在一定程度影响了普遍语法理论在二语习得中的适用度。

2. 语言监控理论

20世纪70年代，美国研究者克拉申就语言习得提出了语言监控理论主要由五个假设构成，该理论的出现对传统重视语法的外语教学产生了非常大的冲击，以下我们具体分析：

（1）习得、学习的假设

克拉申的研究重点主要是"学习"和"习得"两者的差别，明确分离两者，克拉申觉得在下意识中获得语言的过程是习得，自主地有意识地并通过各种各样的方法去获取语言的过程是学习。若是我们从语言学的角度去看，学习和习得所得到的知识也是分布在人们脑中的不同地方。

（2）自然顺序的假设

自然顺序的假设主要认为，人们所有的语言结构知识的相关习得均是基于某种特定的自然顺序来进行，同时他还认为，该假设并不是非得让人们依照这个顺序制定教学大纲的相关内容。实际上人们如果想要习得一定的语言能力，就要按照语法顺序进行教学。

（3）监控的假设

监控的假设与习得、学习的假设是紧密相连的，在一定程度上表现出了语言习得与学习的内在的关联。区别"习得"和"学习"，二语习得就应该像幼儿习得母语一样。幼儿的语言习得从来不是有意识地被人教过，也不是有意识地学习过。他们和成年人（通常是父母）进行的大量语言交流活动，是伴随着真实情景进行的交流。他们使用语言的能力来自无数次下意识的语言交流。因此，在"教"学习者第二语言时，教师应该在教授的过程中加入幼儿的自然母语习得，并且要为二语学习创造更为多样的语言环境。比如，过去教学中采用的一些方法都强调模拟一种真实习得语言的场景，正是这种观念的一种反映。

由此看出，语言习得和学习的作用各有千秋。语言习得系统实则是人体的潜意识语言知识和真正具备的语言能力。而语言学习系统则是一种有意识的语言知识，主要在第二语言运用的过程中起监控和编辑的作用，并且该监控功能既可以在语言输出之前，也可以在语言输出之后。但是，监控功能是否能充分发挥其作用还要看时间、形式和规则这三个条件。

相较于书面表达，口语表达更加注重说话的内容，而容易忽略其语法规则与形式，因此，如果在说话的过程中进行语法监控，就会在一定程度上对说话产生影响，造成说话结巴，从而影响语言交流。书面的表达则相对较好，因为在写作的过程中，作者能够通过充足的时间进行反复推敲，从而选用最佳的语法规则。

（4）输入的假设

输入的假设可以说是克拉申语言习得研究理论的重中之重。该假设主张语言习得者唯有与"可理解的语言输入"相接触，意思是习得者要接触到比自我拥有的语言水平更好的第二语言输入内容，而且在形式、意义以及信息进行理解的时候语言习得才得以产生。以上就是著名的 i+1 理论，理论当中的 i 表示习得者当前就具有的语言水平，1 表示高于习得者水平的语言内容、材料。该假设还主张没有必要刻意提供公式的输入，习得者仅仅需要理解输入且能够积累到一定程度，那么输入就可以自动生成了。

（5）情感过滤的假设

情感过滤的假设认为二语习得的过程中会受到情感因素的影响。在经过情感过滤的考验后语言输入才能被充分吸收。以上提到的情感因素主要有动力、情感和性格等。

三、语言学习理论

教学策略及教学方法都是建立在语言本质理论和语言学习理论基础之上的，因此，关于语言学习理论的本质认识也会在一定程度上影响语言教学策略的产生和选择。接下来主要结合行为主义的学习理论、认知主义的学习理论和建构主义的学习理论，对语言学习的理论进行了具体的讨论及分析。

(一)行为主义学习理论

行为主义学习理论主要来自巴甫洛夫的"条件反射"理论,受"条件反射"概念的启发和影响,人们开始从实验角度和理论角度对儿童的语言学习过程进行具体的分析和探讨。经过探究发现,儿童的语言学习过程实际上是在不断地进行"刺激—反应",并且在此过程中逐渐掌握了母语。该理论的主要代表人物有:

1. 华生

在20世纪初期,华生建立行为主义学习理论,标志着这一理论的产生。华生认为,行为主义就是可以通过一些客观方法的运用进行直接观察的行为。他还认为,人与动物所产生的所有复杂的行为都是受一定的环境影响,并逐渐进行学习而获得的,且有刺激与反应这一共同的因素作用。基于此,他便提出了"刺激—反应"公式。

2. 斯金纳

在研究者华生的理论基础之上,斯金纳作了拓展,在《言语行为》(*Verbal Behavior*)一书中写了许多行为主义针对语言行为系统的看法,并发表于1957年。这本书的发表将行为主义在语言教学理论中占据的主导地位加以确定。

斯金纳主张人类的某部分言语或者是言语中的某部分均是受到了一些刺激得以产生,这个刺激主要包含三个内容:言语、外部以及内部的刺激。经过反复刺激可以将学习的效果进行强化,也可以让人们学会如何使用合适的语言形式。从以上论述中可以看出,在学习过程中重复刺激起着非常重要的作用。行为主义的学习模式如图 1-1-1 所示:

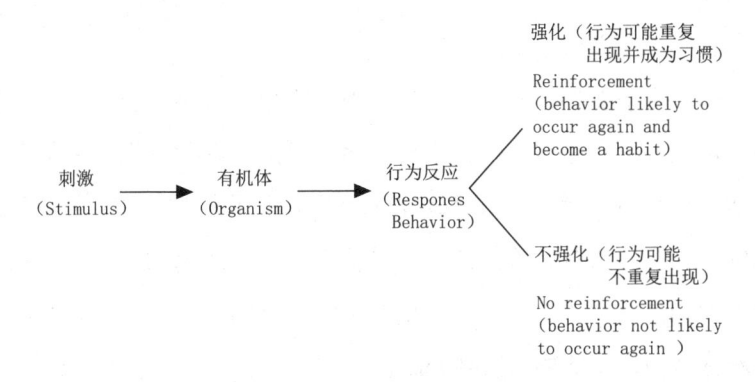

刺激(Stimulus) → 有机体(Organism) → 行为反应(Respones Behavior)
- 强化(行为可能重复出现并成为习惯) Reinforcement (behavior likely to occur again and become a habit)
- 不强化(行为可能不重复出现) No reinforcement (behavior not likely to occur again)

图 1-1-1　行为主义学习模式图

行为主义学习理论在美国盛行了50多年，以至于在如今的教育机制中仍地位突出。所以，教师能够采用一些干预活动来指导学生的行为，从而在一定程度上帮助学生掌握学习知识，发展语言的有关技能。除此之外，不时地为学习者提供有关接触语言的材料也是行为学习理论的表现之一。

（二）认知主义学习理论

在20世纪的前半叶，行为主义学习的理论占据了主要地位。但是行为主义把所有思维看成"刺激—反应"，在一定程度上忽视了人的意识问题，所以越来越多的学者对其产生了意见和不满。在这样的背景下，认知主义学习理论开始逐渐发展。它强调学习是对情境的一定领悟和认知而逐渐形成的认知结构，并且主张研究学习的内部条件和内部过程两个方面的内容。其代表性的观点主要有以下四个：

1. 苛勒——顿悟说

德国心理学家苛勒提出了格式塔心理学。格式塔指的是被分离的整体或一些组织结构。在此理论中，语言学习者如果遇到某些问题并想要解决的时候，首先应该能够精准理解情境内各事物的关系，构成完形从而达成语言的学习任务。同时苛勒又在格式塔理论的基础上提出了顿悟说，主要是以下两种观点：

一是学习不仅仅是"刺激—反应"这种活动中简简单单的关系，而是在具有一定的目的性基础上，去进行主动了解、学习和顿悟，逐步形成的完形。

二是学习并不能通过一次次地犯错后进行总结去完成，而是由学习者顿悟去完成的。

2. 皮亚杰——发生认识论

瑞士心理学家皮亚杰，主张以发生认识论为核心，主要研究的内容是有关人类的认识，包括概念、语言、认识发展等多个方面。在他看来，每个人都能追溯到童年时期，甚至胚胎时期。值得研究的相关问题还有人在出生之后是怎样形成的认识和发展思维，这些思维的产生都受什么因素的影响和制约、不同年龄和水平的智力差别和思维结构等。所以，皮亚杰把自己的研究重点主要放在了认知发展的阶段性方面和认知发展的机制方面。

皮亚杰把无法进行探测的大脑进行活动的过程统一抽象成能够直接进行观察的心理模型，并运用一些客观方法对人类的高级认知活动和复杂认知活动进行探究，从而在一定程度上促进了人们对自身的进一步了解和认识。

3. 布鲁纳——发现学习理论

心理学家布鲁纳的发现学习理论观点认为，学习的本质就是在于主动形成的认知结构，该结构还能够用来感知与概括新事物的一般方式。认知结构实际上是建立在一定的经验基础上通过不断地改变，从而逐渐了解和学习新知识的内部因素和相应的基础。

布鲁纳将学习分成了三个过程：一是知识的获得；二是知识的转换；三是知识的评价。学习任何一门学科都要学习一系列的新知识，因此，每种知识的学习都要经过知识的获得、知识的转换和知识的评价这三个过程。所以，发现学习在某种程度上来讲是最好的学习方式。

发现学习的中心是学生，前提是教师进行一系列激发学生学习兴趣和动机的活动，通过引导学生进行观察活动、分析活动和归纳活动，来逐渐培养学生独立分析问题与解决问题的能力。该理论的提出是布鲁纳结合学习论和教育论做出的巨大贡献。

4. 奥苏贝尔——认知—同化学习理论

奥苏贝尔站在前研究者的肩膀上，通过研究得出结论：学习有两个维度。

（1）以学习方式进行划分

按照此种划分标准，分成以下两种类型：

①接受学习

接受学习是以定论的形式把要学习的内容传授给学生。

②发现学习

发现学习与接受学习比较，发现学习并非把学习的内容以直接方式展现在学生面前，反而让学生在多样组织活动中通过实践自己去慢慢地发现并学习这些内容，最后，再将内容慢慢地融入自己的认知结构。

（2）以学习资料和学习者知识结构的关系进行划分

按照此种划分标准，分成以下两种类型：

①机械学习

机械学习指的是学习者不能完全理解自己所学到的所有知识，只是硬性地记住了一小部分符号的语句，又或是语句的组合形式。

②意义学习

意义学习指的是符号代表的相应新的知识与学生已经具有的观念进行结合，建立一种非人为的、实质性的联系。

通过以上两种维度的结合，再次分为四种类型，分别为有意义的接受学习、有意义的发现学习、机械的接受学习、机械的发现学习。

奥苏贝尔主张有意义地接受学习可以使学生在较短的时间内获得更多的系统性的知识，同时，这应该作为教学过程中的首要目标。他觉得相对有意义的学习过程总的来说也就是旧观念被新观念慢慢同化的过程，这个过程分为以下几种类型：一是总括学习，也被称作"上位学习"，指的是基于已有部分从属观念进一步进行总结归纳，从而得到一个总观念。二是类属学习，也被称作"下位学习"，指的是把从属和总观念相结合，进而在两者之间组建某些特定的联系。三是并列结合学习，指的是在学习过程中，以前的旧有知识和现今新学习的知识从某种角度出发是相互联系的，因此，就可以借用旧有知识来取得新学习的知识的意义。

值得引起人们注意的是，即使学习的意义结束了，同化的进程依旧存在，所以说，学习者有必要把知识进行整合或者重组，以便让学得的知识得到巩固。

（三）建构主义学习理论

20世纪90年代，一个新的理论在美国诞生——建构主义（Constructivism）。它是对多个学科进行综合而发展起来的一个学科，所以它的理论体系很多，非常烦琐。所以说不同的研究者有不同的学科理论，这也使得建构主义的理论不同。但是，他们都认同知识不是被动接受的，而是认知主体进行积极主动建构的结果。因此，这一观点也被所有的建构主义研究者叫作"建构主义的第一信条"。除此之外，建构主义研究的目的就是强调人类对于认识的能动性，展现人类的认识对经验、环境、社会的作用以及对它们的依赖作用，并且指出，知识的意义不是一成不变的，而是随着学习环境的变化不断发生改变。建构主义所研究的相关内容对人类的教育以及对教育的研究都有很重要的指导意义。因此，建构主义在发展的过程中逐渐和教育实践相结合，就构成了建构主义学习理论，并且不断为各个国家的教育改革提供思想上的指导。

1. 建构主义学习思想

建构主义的影响是非常广泛和深刻的，而且对于它的定义也很难具体化，它的思想进化也是一个曲折的过程。建构主义思想最初的来源始于18世纪，学者代表就是意大利的维柯和德国哲学家康德，而皮亚杰、维果斯基（Vygotsky）被公认是现代建构主义学习理论研究的先驱。

在建构主义学习思想的研究中，有一个鼻祖式的人物，那就是苏联心理学家维果斯基。他提出了"文化历史发展理论"，这一理论指出了学习者在认知的过程中社会文化历史背景所起到的关键作用，而且在其基础上发明了新的理论：最近发展区。通过上面的理论，维果斯基指出，个体的学习过程离不开特定的历史背景和社会文化，而且个体在学习的过程中，社会会发挥非常重要的积极作用。维果斯基在前面理论的基础上将个体的发展水平分为了两种：一种是现实的，另一种是潜在的。前一种是指个体通过自己的活动能够达到的水平，后一种就是个体不能够独立完成，通过他人的帮助进行完成的水平。之前所叙述的"最近发展区"不属于这两种的任意一种，而是处于两者之间的区域。维果斯基属于维列鲁学派，他们这个学派还在前面理论的基础上对"活动"与"社会交往"和人的高级心理机能的发展之间的作用关系进行研究。他们的研究都给建构主义理论添砖加瓦，使其更加丰满，同时，也为这一理论应用于教学提供了条件。

2. 建构主义学习主张

（1）建构主义知识观

①知识是不断进行发展和演化的

建构主义指出，知识并不能表现出某一问题的最终结果或是标准答案，也不能客观地反映出现实的各种现象，只是人们对于现实世界的一种"假设"或"解释"，而且在这一过程中要借助符号系统的作用。只是不是一成不变的，而是随着社会的推移也会发生改变并且进行延伸。

②知识存在于主体内部

这一理论认为知识不会存在于个体的外部，而是以实体的形式，只能存在于主体的内部。虽然人们通过语言符号的形式使得知识有了其外在表现的样式，但是这也不能说明不同的学习者对于相同知识的理解是一样的。因为不同的学习者之间有不同的经验和背景，所以不同的学习过程对于知识的理解也会有影响。

③知识没有绝对而且不存在终极真理

知识只是通过个人的经验将其进行合理化，而不能对世界的真理进行说明。知识也不能解释世界上任何活动或是任何问题的解决办法，因为知识总是个体在自己的主观意识上进行建构的。因此，在解决问题时，要根据问题所处的环境进行具体分析，而不只是将知识转移过去。

④生存的目的就是掌握知识

掌握知识最根本的目的不是对世界中存在的真理进行研究和分析，而是为了最根本的生存问题。建构主义的知识大部分都是针对学科知识，而且是对学科知识的理解和认识，并且必须具备一定的用处。科学的知识等同于建构的知识，必须从一定的相关的关系、兴趣以及问题的立场上对其进行验证，还要对它的"生存力"和"可操作性"进行验证如果在验证过程中，能够发现其在各种各样的语境上都存在合适的知识，并且是有用的，那么它就具有了生存力，并且会被应用。

（2）建构主义教学观

①教学目标

建构主义的教学目标有其侧重点，主要侧重于以下几个方面：

第一，在教学中，注重"理解的认知过程"和起到作用的"意义建构"，并将它们作为中心目标。建构主义强调，如果学生是一个认知者，那么他的生存和感知过程中所做的就是将建构的作用有用化。因此，在教学中，最基础的目标就是对这种建构的过程进行认可和支持。

第二，在教学目标中加入专业化知识。客观真理在建构主义的认识理论中是不存在的，但这也不能说明建构主义不承认客观真理的存在，在教学目标中将其拒之门外，而是提倡在教学的过程中，也要设计某种学科的专业知识。但是，在激进建构主义看来，学科的知识是某个科学家的论述，并且意识一致而形成的一种理论，而不是一定正确且不存在矛盾的真理。

第三，将社会化和文化适应纳入教学目标的行列。社会文化共同体中的儿童或是青少年的发展离不开社会化和文化适应，并且成了现在教育的一种教学目标。在建构主义理论中，他们指出，社会化和文化适应能够使人们在成长这一过程产生的思维和行动和其他人有一样的地方，而要实现这种相同的地方，就要学习。

②教学活动

教学活动在开展的过程中要体现出一定的特点，在建构主义者看来，优秀的教学活动，应体现出以下几个特点：

第一，教学环境应该多样化，教学活动应在这种环境中开展。这种多样化的教学环境可以使得联系多元化，能够使学习者在这一过程中将新的知识和原来所学的知识相结合，使得理解的角度更多。教学活动要是真实存在的情景和问题，学习者可以在这种环境中对新知识进行理解和建构。

第二，通过开展教学活动使得教学环境更加多样化，使得学生能够在这种学习环境中进行自我建构，并且完成经验的积累和知识的建构。如果学生在这个教学活动中主动对空间进行利用，并且自觉地意识到学习的时机，同时活动和发挥的空间都是自由的，那么就可以说这次的学习活动就成功了。

第三，能够给学生提供一个使其进行自我发挥的环境是建构主义认为的重要的事情。因此，教师不能根据自己的意愿来组织教学活动，而应根据学生的认知结构、观念世界以及相关经验来进行建构。

建构主义教学活动具有以下显著特征：使学生之间的对话增多，不直接将问题的答案讲授给学生；教学活动实施的过程中，鼓励学生对一些错误和矛盾进行论述，并对真理提出疑问。

第四，整个教学过程要使学习者一直在"最近发展区"使学生的发展最大化。因此，教师在组织教学活动时，要结合学生的当前情况，并且对问题进行及时解决。

③教学过程

具体教学过程可以进行以下总结：学生通过教师的帮助，能够自主地对相关知识进行建构。这个过程是在学生个体的内部进行的。这个过程要依靠学生当前所拥有的知识、态度和兴趣，并与新的经验进行结合。所以，教师在这一过程中，要以学生当前所拥有的知识、态度和兴趣为基础，建构出的教学环境能够使得学生在教学过程中获得经验，这样学生才能够在教师的促进中，对自己当前的知识进行建构。

④用建构主义看待教师及其专业发展

不要将某种主义、某种教学法强加给教师，而要根据各种途径了解教师现阶段所处的真实环境、思想观念等，而且要根据他们的各种要求对教师开展相关的培训工作。

可以进行反思式的教学，也就是说教师在教学过程中，可以对自己的教学方法或教学过程进行记录，然后进行相关的讨论，从而对自己在教学过程中出现的问题进行反思。

（3）建构主义学习观

①学习的实质

第一，学习是认知结构改变的过程。

建构主义者指出，对学习者的认知结构进行改变的方式就是同化和顺应。人的认知水平的发展就是这样一个结构变化的过程：同化—顺应—同化—顺应……循环往复，平衡—不平衡—平衡—不平衡……相互交替。所以，建构主义认为学习的过程不是对信息进行积累，而是在学习的过程中，新的知识和旧的知识经验发生冲突，并在这个过程中学习者对自己的认知结构进行改变。

第二，学习是主体建构的自组织循环系统。

就整体而言，学习就是一个循环的过程，而且是封闭性的，没有起点和终点。因此，建构主义者指出，思维和学习是通过已有的结构规定的，而不是由外部决定的。建构主义者希伯特提出，学习的整个过程应该是：兴趣—知识—记忆—情感—感知—反省—行动—平衡—摄动—重建—迁移—兴趣。

第三，学习是个体主动建构自己知识的过程。

建构主义学者指的是教学不仅仅是简单地把知识传授给自己的学生，更是要让学生自身能够在学得知识的同时，对学习内容进行建构，而非机械性地学习。所以学习的过程也是一个积极的建构过程。学习是让旧有的知识与新学到的知识两者之间相互作用、相互影响，并不仅仅是直接的信息输入、存储和提取过程。认知的主体应该是学生，学习是学习者针对现实世界而进行建构以及理解的过程，同时，理解的过程本质上来说就是针对世间万物进行意义赋予的过程，根据以上得出，学生必须根据自身的知识经验去对所建构的对象进行解释。

②影响学习的因素

一是先前经验的作用：学生在学习时首先对自己马上要学的知识有一个了解，或者说要通过预习有一个整体上的印象。

二是协作与对话的作用：建构主义者把合作学习与协作、对话进行结合，让协商与对话得到满足，学习共同体之间的协商对话指的就是学习。

三是真实情境的作用：建构主义中提到，"情境"在意义建构中拥有非常重要的作用，同时，学习的过程中也与情境产生有着十分紧密的关系。建构主义还指出，学习只有在一定的情境中才能得以完成并表现出自身的价值。因此，要让学生从始至终都能够在情境中完成一定的、具体的任务，从而在其中学到一些经验，并通过知识建构，巩固掌握学到的知识，同时学会运用。

四是情感的作用：建构主义指出情感对认识和学习的影响主要包含以下几方面：情感对意志具有两方面的影响，积极的影响会促进学习者的兴趣，增加学习主动性，消极的影响则会打消学习者的积极性，使人们的认识能力受到影响；情感对认识方面具有的影响主要体现在指向性和选择性，在学习时情感会左右学习者对认识对象的选择，且是有侧重点地进行选择；情感对认识的状态具有一定的影响，人在情绪稳定时往往能够做出更为理智的决定。

评价不应该孤立存在，应该融入学习环境，同时，学生才是学习的主体，所以学生在评价中也应该发挥一定作用。评价的目标就是将教学过程中不好的环节与内容发现后进行调整和整合。

建构主义指出，在学习过程中发生错误并及时反省错误是有必要的。学习者在学习一个"正确"的答案，还可以避免其他各种错误时，才会明白这个答案为什么是正确的，其他为什么是错误的，所以说，从建构主义的角度看，当出现错误的时候，学生们应该共同讨论，分析错误原因，并避免此类错误的出现。

四、合作学习理论

合作学习（Cooperative Learning）产生于20世纪的美国，而且在20世纪七八十年代时取得了相对较大的进展，这种理论强调以小组为单位进行教学和学习。

（一）合作学习理论的内涵

各个国家对于合作学习都有研究，但他们的研究又都不相同。在对合作学习进行研究中的代表人物斯莱文教授认为，合作学习就是学生在小组的合作中进行学习，并且通过小组的成绩来获得奖励的一种课堂的教学模式。翰逊兄弟这样解释合作学习：合作学习是利用小组的形式进行学习，并且通过自己的努力来达到自己或是他人的学习要求。在合作学习研究中有一个主要代表人物，他就是以色列特拉维夫高校沙伦博士，他认为，合作学习并不是指某一教学方法，而是所有的能够对课堂教学进行促进和组织的方法。那么学生在学习过程中的合作就是其表现特征。课堂中，学生之间的合作就是通过小组形式实现的，一般一个小组是3~5人。一个小组就是一个社会组织单位，学生在这个组织单位中进行合作交流，中间也包括个人的学习成果。中国的教育者王坦指出，合作学习就是使得学生在异质小组中进行合作学习，共同促进，以达到共同的学习目标，并且奖励是以小组的形式进行的一种教学策略。

虽然每个学者对于合作学习的认识不是完全相同，但是合作学习的基本特征都是通过学生之间相互合作和互动的一种教学活动。当然，还有师生之间的交流以及教师之间的交流为特征的合作学习。这之间也有共同的地方，以下的几项因素都是不能够失去的：合作小组之间相互信任，能够共同努力；小组成员之间进行面对面的交流，能够直接进行互动；每个个体都要承担起自己在小组中的责任；运用各种合作技能，合作中，充分运用自己的组织能力、交流能力等；每个小组成员要经常对自己进行反思，以达到更高的合作效果。

通过前面的论述，可以将合作学习理解为：课堂教学中，学生以小组为单位形式，小组成员之间要共同努力来完成学习目标。合作学习的侧重点就是相互合作，并且在教学活动中以学生为中心，以学生的个人认知和发展、自我指导等因素为出发点。通过合作的形式，获取他人的优点来弥补自己的不足，并且在合作的过程中各自都得到满足，共同提高。

（二）合作学习的理论基础

合作学习得到更多的国家在教育上的运用最主要的原因就是合作学习的理论基础非常坚实。它的基础就是社会学和心理学等学科，本书接下来就论述合作学习的理论基础。

1. 社会互赖理论

20世纪初期便有了社会互赖理论的研究，美籍德裔心理学家考夫卡指出，群体为成员之间的互赖性的变化提供一定的动力。考夫卡的同事对考夫卡的观点的解释如下：

一是群体中成员与成员中的"动力整体"的互赖性从本质上讲是由群体所形成的，在这个整体中，不管任何一个成员出现变化，均会导致剩余成员跟着一起变化。

二是成员之间若是在紧张的环境中，这样能够让群体快速完成自己的任务，达到目标。

20世纪40年代，勒温的弟子道奇（Deutsch）发表了合作与竞争的理论，该理论对合作学习的发展有着直接的影响。在该观点中，假如社会总是处于合作的状态，则群体中每个成员均容易产生出互相促进的依赖性，也就是说一个成员的目标与另一个成员的目标是紧紧相连的。假如是在相互竞争的社会环境中，那么这种情况正好相反。

道奇的学生戴卫·约翰逊（D.W.Johnson）及其兄弟荣·约翰逊（R.T.Johnson）两人经过共同努力把道奇的理论观点延伸，并发展为"社会互赖理论"。其在理论中写道，社会互赖的结构方式针对个体中的互动方式可以产生一定程度的影响，同时，还会对活动的结构发生作用。积极的互赖对互动具有积极的意义，个体与个体之间变成更加和谐，从而发生较好的效果，消极的互赖则会发生相反的效果。

假如个体之间并没有产生任何互赖，个体均是独立的，彼此之间不会产生任何影响。根据上面的理论，约翰逊兄弟就说明了在课堂中存在的三种目标结构，即合作、竞争与个人单干，并在此基础上构建了三种各不相同的教学情境。如果处于合作的目标结构中，那么个体处于群体之中，他们的目标也是统一的，个体目标和群体目标以及群体中其他人的目标都是一致的；如果处于竞争的结构目标中，那么个体与群体的目标就是相反的，如果群体中一个人的目标得以实现，那么其他人的目标就都不能实现；但如果是处于单干的结构目标中，个体的利益和他人的利益都是不冲突的，互不影响。

如果从这个理论出发，那么就很容易对合作学习的相关理论进行简述：如果所有的人有了共同的目标，那么这群人就聚集在一起，为了共同的目标而努力，这时就要求群体中的所有人共同努力。群体中的这种共同目标和依靠为个体实现目标提供动力，他们之间互相鼓励和帮助。

2. 选择理论

选择理论（Choice Theory）和控制理论（Control Theory）是一个理论，由美国心理学家格拉斯（Glasser）提出，1996年，其将控制理论改为选择理论。

控制论指出，我们是由内在动力推动，各种需要驱使。格拉斯认为人们均是被自己内心的四种心理需要进行驱使，分别为需求、自由、力量、快乐。上面这四种心理就如同衣食住行同等重要，被人们重视着。不管是哪一种心理需要得到了满足，均会让人们从内心感到喜悦。与此同时，格拉斯还指出，即使当代的学校教育并不是十分乐观，但是，学校教育并不是问题的所有焦点。当自己在群体中时，应该明白，并不是所有事情都非要依照自己想法去完成，应该明确每个群体都有自己的规律。从另一个角度讲，倘若一个人能够拥有归属感以及影响力，这也是一件非常快乐的事情。所以说，问题的焦点就是归属和影响力的需要。

从上面的文段中我们认识到选择理论实质上是一种不断满足需要的理论，学校是可以使学生的需求得到满足的一个地方。学生进入学校中去学习、生活也是为了让自己的自尊心、归属感等得到满足。如果以这种理论进行分析，某些学生学习成绩不理想，可能不是因为自己不聪明，而是因为自身就不想去学习。学校创造出可以满足学生的归属感、自尊心等的活动，去让学生领悟学习的重要意义，并积极主动爱上学习。就是因为超级多学生在课堂上不能够寻找到属于自身的归属感和认同感，他们才希望通过除学校之外的其他场所满足自身的各种需求。总结而言：只有愿意去学习，才能够学习好。

3. 凝聚力理论

在凝聚力理论看来，合作学习对于学生学习成绩的影响很大一部分通过社会凝聚力来作为其中的媒介。其实，学生们之所以在学习上是互相帮助的，是因为他们对彼此是相互关心的，并且希望都获得成功。这个观点和动机观有一定的相似性，那就是它们都强调学习动机的力量，而不是从认知上对合作学习造成的效果进行解释。

动机理论的研究学者认为，他们之所以帮助自己小组的同伴，是因为他们自己的利益要求这样做。然而，社会凝聚力的研究学者认为，学生对自己同组的学生进行帮助是因为他们对这个小集体比较关心，因此，这个理论最突出的地方就是，他们对合作学习小组的组建有相对突出的表现，还有，无论是在活动中还是在活动结束之后的自我评价。他们认为，如果学生对小组中的任务比较感兴趣，而且挑战性较强，那么学生们就可以在这种集体活动中获得更高的奖赏，那就是不要单独评价小组中个人的贡献。沙伦与阿朗逊（Sharan&Aronson）等人在研究过程中就是以社会凝聚力为基础。在他们创造的教学环境中，学生都会担任特定的角色。阿朗逊把4或5个课题进行小组成员的分配，每个学生负责一个课题。他们在"专家组"中和其他进行同一课题的学生进行讨论之后，再回到各自的小组中对自己所学的课题进行讲解；沙伦采取的是小组调查的方式，让每个小组承担不同的课题，然后将课题通过小组的形式分成很多小的课题。一个小组的学生对一个课题进行详细研究，然后再将自己的结果展示给全班同学。

通过上面的论述可以看出，"切块拼接法"和"小组调查法"都是在学习的过程中，将学习任务进行划分，这样做就是让小组之间形成相互依赖的感觉。在约翰逊兄弟采取的方法中，通过"检查员""记录员"等角色来展现小组之间的依赖性。他们的研究，既不反对动机主义，也对社会凝聚力进行支持。社会凝聚力理论指出，这种任务的专门化，可以使得小组内的工作进行协调，而且连成一个整体，彼此之间发挥作用。每个人都能给集体做出贡献。

4.认知精制理论

认知心理学的研究指出，如果人们想要对信息有长久的记忆，并且将这段记忆和其他信息发生联系，那么学生就要将相关的材料在某种认知上进行重新组合。

关于精制的定义，很多学者提出过自己的理论，美国高校教师莱文（Levin）就曾写过一篇总结30多年以来精制研究的文章，他认为精制在学习中指的是人们为了更加牢固地记忆自己学习的东西而有针对性地进行的意义添加、意义构建或者新意义的生发活动。为了便于理解，这里举一个例子，写作讲座小结或者讲座纲要会比简单记个笔记起到更好的效果。这是因为学生在写小结或者写纲要的过程中，需要调动自己刚刚听过的知识，并且对这些知识进行重组，以找出其中的要点。

向另一个人解释自己的材料是精制的最有效的方式之一。双向的沟通需要认真地倾听和有效地表达，双方的配合不仅能够提高指导者的表达能力，还有利于被指导者能力的提高。长时间以来，研究者就同伴互教做出了很多的研究。他们发现在同伴互教的模式里，双方的成绩都能得到提高。韦伯也发现，参加他组织的合作活动的学生中，曾向他做出较为详细的工作解释和报告的学生受益较大。韦伯的这项发现和丹赛罗的研究都证明了一点——就活动做出解释的学生可以学到更多的知识，懂得倾听他人解释的学生要比单独工作的学生学得多。

5.接触理论

接触理论认为社会中的互动关系是十分重要的，理论学者觉得社会互动关系在教育中占据了很重要的地位。教育教学时，让不同种族的学生有计划、有组织地进行交流、各民族学生之间加强互动、男女同学之间互相学习，对社会中次级团体的和谐发展具有相当大的推进作用。美国心理学家约翰·华生做过不同种族关系的有关调查，他提出能够密切不同种族的人们之间的关系的五个条件，分别为积极乐观地相互依赖、彼此之间平等的地位、基于种族平等主义维护社会规范、各族人民一定要改变自身具有的较为刻板的种族间的相互印象以及足够的接触交流和沟通。心理学家阿尔波特则认为，只单单靠接触一个条件不可能真的让学习进步，同时，还应该通过一定的方法，让相互进行交流沟通的两方变成合作的共同伙伴，这样才能提高学习的效果。此原因正是合作伙伴会让彼此双方的关系更近，双方之间的友谊更深厚，小组的向心力也得到了提高。不仅在不同种族、民族之间的交流适用接触理论，而且不同年龄、性别之间的交流同样适用，同学之间不同社会地位、不同能力也同样可以基于这个理论进行学习。

综合来讲，上述理论的共同点就是共同生活在社会中的人们是群体性的，不同的人之间可以相互竞争，也可以彼此合作。团体内，不管组员是不是真正地以集体利益为先，成员之间总会有一种相互依赖的关系存在。学生的学习过程就是一个接触和交互的过程，只有接触到教师传授的知识才可以继续学习，只有和同学之间交流、共同学习、共同解决问题，才能锻炼一个人能力，才能快速地成长。另外，在团队中，学生更能获得认同，也可以实现学生的自我价值。

（三）合作学习的理论应用

1. 合作学习理论的实际应用

（1）在英语口语教学中的应用

英语教学中，口语教学是非常重要的组成部分，在其中引入合作学习理论具有非常大的积极意义。

①自由沟通和发言，引起学生参与的热情

以小组为单位的合作学习一般人数并不多，在小组中发言就会避免在课堂上发言时经常遇到尴尬的问题，相对自由和轻松的氛围可以为学生创造更为广阔的学习空间，让学生远离紧张情绪，敢于发表自己的观点和看法，有利于培养学生敢问敢说的品质。小组的主要任务就是合作完成教师布置的作业或者任务，在这一大前提下，组员都会将精神集中在任务上面，而忽略了自己的句子是否正确等问题。这样，学生的语言表达能力可以大幅度提高，而且可以积极主动地投入学习中，提高学生的学习效率。

②以小组为单位，进行合作学习

小组内的成员有限，可以开展小班化的讨论和学习，学生为主体，在学习中可以自由参与和发言，不需要顾虑其他的因素，学生拥有了更多的展现自我的时间和机会。教师也可以进行有针对性的指导，引导学生的讨论和学习方向，让学生可以更为深刻地感知和体验到所学的知识，在这种情况下，学生才成为课堂的主人。

③鼓励发言，提高学生自信

以小组为单位的合作学习模式是在平等的基础上开展的。合作学习中，学生具有很大的发言自由权，也不会有太多的心理顾虑，在学习中变得更加大胆。在这样的情况下，学生就某一课题开展的讨论和交流会更加顺畅，学生积极的发言和思考也会让他们学到更多的知识，取长补短、相互学习。不管学生的能力如何、性格如何，只要将自己的意见大胆说出就会发现不同的学习内容，学生的潜力也会得到激发，语言表达能力也会得到提升。而且合作的方式能够锻炼学生的协作和交际能力。

④引导学生开发新思路，培养创新能力

针对同样一个问题，每个人都有自己的看法，因此，在小组合作学习中，学习者不仅能够发表自身对于问题的一些见解，而且能够在小组讨论中从其他学生身上了解到其他看法或者感受并受到启发，从而可以从各种维度去思考、去创新。学习过程中，通常会有一部分问题要通过大家共同努力才能够完成，当针对同一个问题学生有不同观点的时候，小组合作方式就会汇集大家所有的观点，进而得到不同的解决问题的办法。因此，鼓励学生参加合作小组进行学习，这样既能够帮助学生拓展思维，又能够让学生培养创新能力、思维能力，激起学生学习兴趣。

⑤培养学生团队协作意识

小组合作学习的目的是大家一起进步，成立小组的目标之一就是可以让小组中每一个人都理解、掌握学习内容。因此，小组中的每一个成员都应该看清自身责任，和小组成员讨论并奋进学习，提高小组成员的学习热情，拓展思维，发挥自我在小组中的作用。为了让小组在最少的时间里完成教学任务，小组之间可以进行互助学习，学习好且快的学生去帮助学习差且慢的学生，好学生将自己的学习方法与小组成员进行分享，或者展开相关内容的辩论，及时纠正差生学习过程中的错误，使差生、慢生可以跟上学习好的学生的步伐，积极引导差生、慢生多角度观察和解决问题，带领他们去了解新的内容，这样小组的成员与其他小组交流学习信息和展示学习成果的时候会拥有更强的责任感，小组成员不是孤立的，而是相互依赖、相互帮助的"共同体"。小组合作学习的氛围不断在提高，团队凝聚力也在不断增强。

（2）在英语写作教学中的应用

一篇文章的完成过程包含了从写前准备（Prewriting）、初稿（Drafting Composing）、反馈与评价（Reviewing&Evaluating）、校订修改（Revising）、根据教师评语修改并重写（Revising and rewriting for teacher's evaluation and comments）这些步骤之间反复的过程。

学生可以根据小组的讨论意见进行修改，最后个人完成，交给教师批改。每篇文章都需要进行评估，优秀的文章可以作为范例供学生学习。

2. 合作学习理论的注意事项

英语教学中的课堂合作学习是一种适应于当前学生学习需要的学习方式，学生学习时可以借助网络和教师提供的音像材料，也可以以小组的形式开展有关课题的研究，英语口语练习不再是以教师为主导的课堂教学，而是成为形式自由的有效的口语练习方式和过程。学生间的合作学习不仅可以提高学生学习的积极性，增加信息来源和处理信息的速度，还可以培养学生的团队合作意识，增强学生的信息处理能力，让学生体验到实现自我价值的过程和喜悦。在英语教学中开展合作学习要注意下面几个问题：

（1）关于学生合理分组

合作学习的主要形式就是小组合作，教师在分组时要综合考虑学生各方面的知识和能力，包括学生的智力水平、知识水平、语言表达等，分组原则是小组内成员可以优势互补、相互学习、相互促进。这里存在一个"组内异质"的问题，所谓"组内异质"，就是一个小组内的成员要在知识基础能力、年龄阶段、学习习惯和风格等方面存在不同程度的差异，比如说，英语基础较好的学生可以搭配英语基础较差的学生、性格外向活泼的学生可以搭配性格较为内向安静的学生、男同学可以搭配女同学等。这样的分配方式可以做到小组间英语水平保持平衡的状态，还可以保持小组的活力，在保证小组内部成员之间相互合作的同时，还要便于小组间展开公平竞争。分组的形式并不固定，教师可以根据课堂具体情况灵活把握，教师也可以参与其中。小组活动可以是小组与小组之间的活动，也可以是个人与整个班之间的活动，或者是学生之间的活动。不管是什么样的小组活动，都要把握好活动的范围和力度,以达到学生间相互学习和良性竞争为最好状态。在这样的课堂氛围中,学生可以拥有更多的锻炼机会,其口语水平也会不断提升。

(2)关于教师协调指导

合作学习模式中学生是主体,整个学习过程都是学生自己开展的,在这种自由的学习氛围里,学生更容易发挥和挖掘自身潜能。教师主要起引导作用,小组任务和成员确定下来之后,教师应该密切监督与关注小组进展,并了解小组中每个人的参与状况,能够及时给出学生正确引导与帮助,或者静静地关注学生的讨论情况,又或者通过恰当的方法让学生积极主动参加进来。通过上面的举措,教师能够掌握不同小组的进展情况和与学生讨论重点方面,并以此调整接下来的教学计划。当学生讨论完毕,此时,可以通过小组与小组辩论的方式加深学生对问题的理解。在最后,教师应该对每个小组的讨论结果进行简单且有指导性的评价。英语教学过程中,教师应该对学生进行积极的鼓励,去肯定、去表扬学生的作为,让学生看到自己的不足,认识自身的错误,并及时调整和改正,帮助他们去完成自己的学习目标,提高学习效率。

除此之外,英语课堂上进行小组合作的时候需要特别注意以下几个问题:过度依赖造成独立性差的问题、不能适应小组合作学习的问题、教师角色确定问题、课堂时间把握等。解决这些问题就需要教师和学生一起努力。

在英语教学的小组合作学习中,教师对于合作学习的优点和实施的难点问题应当充分认识,并运用自己的教学理论知识,在教学实践中总结经验,提高英语教学效果。

五、教育相关学习理论

斯特恩认为教育学和语言教学紧密相连。教育学有很多分支,这里因为篇幅关系,就其中的四个学科进行分析。

(一)教育学

教育学历史悠久,它关切的是教育知识的问题、教育现象问题的研究、教育相关问题的研究探讨、教育规律的把握等多个问题。外语教学在成为一门学科之前就是教育学的重要组成部分，英语教学同样属于教育的范畴。英语教学的开展离不开教育学的原理、方法等的理论指导。

教育学中的教学论和英语教学有着非常密切的关系。总的来讲，教育学中的教学论是一般性的教学理论，英语教师是从属于它的特殊的教学理论，英语教学是教学论的发展细化，英语教学的开展也是教学论在现实教育工作中的实际运用。作为英语教师，必须学会运用教育学的理论指导自己的教育实践活动。

教育学中的很多教学原则和方法都在不同程度上指导着英语教学。

教学的一般原则，大致有科学性原则、直观性原则、系统性原则、巩固性原则、思想性原则、自觉性原则等。

教学的一般方法，大致有归纳法、启发法、演绎法等。

另外，教育学中的教育目的决定了英语教学的方向，教育方针引导着英语教学的方式，人才培养目标也决定了英语教学的内容，教育学中的很多其他因素也影响着英语教学的课程设置、教学方法等。

（二）教育经济学

教育经济学主要关注的就是教育中的一些经济效益相关问题，其是一个比较新兴的研究方向与研究领域。在英语教学中，教育经济学把重点放在了课程受益方上。教育经济学开设的意义我们这里主要从宏观和微观这两个方向去理解。

教育经济学开设的宏观意义：

一是当今社会中，人才培养的目的就是去培养社会需要的人才，英语课程改革同样也与此目标相一致，那就是去培养社会需要的高质量人才。

二是随着经济全球化更加深化、国际经济的相关性更加密切，英语成为国际通用语言，国际交流中英语变得异常重要，同样也成为国家和企业去获取相关信息的有效途径。

三是开展英语教学，让学生在学校得以全面发展。英语学习能力好的学生更宜与外国人去交流、去合作，所以说，英语教学对培养学生良好品格、提高学生交际能力具有十分重要的意义。

教育经济学开设的微观意义主要是从费用和课程效益方面进行评估。评估涉及的主要问题有：教学所需的时间；每个班级的人数；对教师进行培训所需的费用；教学所需的教材和其他硬件和软件资源的费用；教学管理人员所需费用，管理人员的非专业助手所需的费用；教学开设的场地费用；教师薪酬和教学管理人员的工资等。

将上述的微观费用和教学收益结果比对，以取得最大效益为原则。

（三）教育心理学

教育心理学注重研究教育主体的心理活动，包括学习者的心理活动规律和这一规律对课堂教学效果的影响，教学每个环节和教学效果的关系，受教育者的知识学习特点、思想发展规律、个性影响等。

教育心理学是心理学的一个分支，它与英语学习中的基础知识教学、学习过程中的动机激发、学生口语能力的形成和提高等有着密切的联系。

将教育心理学纳入英语教学的实施过程已经是英语教学完善和发展的必经之路。英语教师掌握了学生学习英语的心理体验和学习规律可以在很大程度上提高教学效率。

（四）外语教育技术学

在信息技术高度发达的今天，外语教学引入信息技术已经成为大势所趋，也正在逐步成为新的教育方式。信息技术起源于国外，它与外语教育的共生性、本体性以及封闭性共同构建了两个学科相互整合的逻辑基础，也产生了两个学科相互交融的学理基础。

外语教育技术应用于外语教学实践，在教学过程中以信息技术为教育开展的手段，将教育学、心理学等作为积极的教学指导理论，为了实现教育目标和外语教学目标对教学过程和教学资源进行创造性的管理，并着重提高外语教师的信息技术素质和学生的信息技术素质，最终实现外语学习效果的提高。

外语教育技术学研究的是外语教育技术，涉及外语教育技术的相关观念、原理等构成部分，探索并且反映出外语教育技术中存在的规律性和逻辑性，具有很强的综合性和应用性。

外语教育技术学转变了外语教学的范式，集外语教育学科构成要素和技术学学科表现要素于一体，并构成了基本的学科框架体系。外语教育技术学是一门新兴的学科，采用的是交叉研究的方法，将包括教育学、信息技术学、语言学等在内的学科进行科学的融合和相互渗透，并且进一步整合了科学性和技术性，是对传统语言教育的变革和发展。

外语教育技术学教学中，中学生应该在上课之前去了解教师准备的教学资料或者通过媒体软件搜索相关教学视频，将自己不理解的内容记下来，上课后及时向老师请教，巩固自己学到的知识，加深对问题的理解，在合作小组学习等其他组织活动中一起完成布置的作业或者任务，教师也会在此过程中给予学生们及时的帮助与引导。外语教育技术学模式是一种创新型的教学模式。在此模式里，教学目标的策划、教学计划的制订和实施、相关教材的选择和编写、教学模式的选择、教学评价的实施等教学过程中所涉及的全部环节均能够通过信息技术完成，通过相关的科学工具进行处理。

当前，英语教学的重中之重就是将传统的教学模式和新时代的高科技相融合，使教学的质量得以提升。因此，英语课堂教学中通过计算机把网络信息技术应用于课堂教学过程，这可以说是当前英语教学改革的一个重点了。此种模式可以将教育精品资源进行共享，让课程建设实现革新，这也是英语教学中的一次积极的尝试。

第二节　英语技能教学

一般来说，英语技能教学包括听、说、读、写，大家已经十分熟悉，但在具体的教学中，应该对这几项技能进行细化，对这几项技能教学的规律加以区分。在当前的英语技能教学实践中，常常存在着某项技能教学缺失或四项技能教学组合不当的问题，这些对于学生的英语学习非常不利。另外，教学模式不当，对时代要求认识不清，也影响着学生的知识技能的获得，甚至影响着学生对英语学习的兴趣与积极性。本章就对英语技能教学的相关基础知识、教学模式、面临的时代要求进行研究和探讨。

一、英语技能教学的意义

英语技能教学在英语教学中有着十分重要的地位，其能够让学生的学习能力得到快速的提升。学生通过对各类英语学习技能的掌握，有助于实现课堂内外的自主学习，增强自身的独立学习意识。另外，通过学习，学生能够合理安排自己的学习时间，提高自身的英语学习效率。下面就从英语技能教学的四项内容着手，对英语技能教学的意义进行分述。

（一）英语听力教学的意义

听力教学是提升学生语言综合能力的有效途径。通过听取语言输入，学生可以加深对英语语音的理解和辨别能力，独立思考并将所掌握的知识整合，从而提升英语水平，理解英语语言。

如今社会的发展对学生的听力水平非常重视，因为人们在日常学习和工作中需要与外国人交流，因此听力具有非常重要的地位和作用。

（二）英语口语教学的意义

英语口语是人际交往中最常用的交流工具之一，因此，在整个英语教学中具有至关重要的地位。

1.促进语言知识和实践的结合

传统的英语教学认为英语只是一门知识系统，与个人的语言能力无关。但是，随着社会和科技的发展，越来越多的新教学方法出现，促进了英语教学领域对语言形式和功能掌握的重视。在英语课堂上，学生学习语音、词汇、语法和句型等知识，但这些知识需要通过实践的真实检验，也就是通过实际的交际才能真正转化为学生的语言能力，尤其是口语实践。因此，为了将英语教学理论与英语综合运用能力有机结合起来，需要强化英语口语的训练，重视英语口语的教学，这也是扭转知识与能力脱节现象的有效手段。

2.符合语言和学习语言的规律

听、说、读、写等都是语言能力的具体表现形式，可见语言能力是一个综合概念。需要特别说明的是，各项语言能力之间具有相辅相成的关系，相互之间并不是彼此孤立的。换句话说，任何一项能力的欠缺都会对语言的综合运用带来影响。

根据语法翻译法的相关理论，语法分析与翻译理解是英语教学过程中的重要内容甚至是唯一内容，语言习惯的养成与口语训练被严重忽视。近年来，很多现代英语教学法，如交际法、直接法、自觉实践法等都对口语训练给予充分的重视，积极进行口语教学方法的有益探索。

综上所述，口语能力是综合语言运用能力中不可或缺的重要内容，将口语训练与学生的语言学习有机结合在一起，既能将学生的语言能力提升至一个新的高度，又符合语言学习的客观规律。

（三）英语阅读教学的意义

英语阅读教学可以巩固学生的语言能力与知识体系，让学生利用自身的阅读技能扩展自己的知识视野，如学生阅读英语广告以及报纸之后，可以了解到这门学科之外的范围更加广阔的信息。

英语阅读教学可以充分陶冶学生的情操。因为英语阅读教学不仅仅教给学生英语语言知识，还可以提高学生的整体文化素养。例如，学生可以阅读英文小说、英文诗歌、英文散文等，在阅读的过程中充分享受美，与主人公产生情感上的共鸣，充分陶冶情操与情感。

总之，英语阅读教学的重要性在于可以帮助学生学习英语知识、获取信息、陶冶情操。此外，英语阅读教学在讲授语言知识的同时，还应介绍英语国家的背景知识，只有这样，英语阅读教学的意义才能得到有效的体现。

（四）英语写作教学的意义

提高写作教学水平对于提高整个英语教育水平有着积极的作用，具体表现在以下几个方面：

1. 巩固英语知识

对于我国学生而言，英语不是母语，既然不是母语，那么学生在学习过程中难免会遇到各种问题、出现各种错误。英语写作教学，可以使学生更好地巩固所学的英语知识。每一种语言都蕴含着自己的民族特色，虽然英汉写作在某些地方具有相通性，但更多的是差异性。英语写作有其自身的规律，如英语书信写作有着不同于汉语书信的写作格式，如果按照汉语书信格式来书写英语书信，必然会造成交际障碍，而这种错误不通过练习是很难察觉的。英语写作教学能够促使学生对英语写作进行练习，从而使学生对所学的英语知识进行检验和巩固。

2. 提升学习能力

记忆对于英语学习而言十分重要，要想深刻记住数量众多的单词、句型以及语篇，写作是必不可少的。就心理来讲，写作是运动觉的，通过写而留下的记忆相较于听觉和视觉会更强。此外，在写作过程中会伴随听和读的因素，所以写作就成了综合性记忆活动。可见，通过写作可以提高英语词语、句子的记忆程度。在英语写作教学中，教师应重视写作教学，并引导学生通过写来加强记忆能力，进而提高学生的综合学习能力。

3. 培养交际能力

英语写作是应用于交际活动的重要交流手段，其目的是传递信息，表达思想观点，进而进行有效交流，顺利实现交际。运用英语写作进行交际是在实践中逐步培养起来的，而英语写作教学正是培养学生这种能力的主要手段。通过英语写作教学，学生可以在将来的社会生活和工作中有效运用写作表达思想、完成工作、进行跨文化交际等。

二、英语技能教学的模式

教学模式在英语技能教学中扮演着重要的角色。它是在教学思想和教学理论的指导下，制定出稳定的教学方法和教学活动结构框架，以实现技能教学目标的一种方法。随着英语教育的不断发展，教学模式变得多种多样，除了传统的课堂教学模式之外，还有其他模式，如分级教学模式、个性化教学模式、反思性教学模式和任务型教学模式等。下文将对这些英语技能教学模式进行探讨。

（一）分级教学模式

1. 分级教学模式的概念

分级教学是一种教学方法，其核心思想是根据学生的英语学习水平和学习潜能，将学生分为不同的级别进行教学，如，学生的英语学习水平和英语学习潜能等。

在分级过程中，需要根据不同的教学目标、方案、内容、计划、方法、评估等因素进行设计，以确保教学的层次性和针对性，分级教学的目的是使不同水平的学生都能在教学中获得一定的进步和提高，教学应该因材施教，根据不同学生的实际情况进行划分，从而确定不同的培养目标和针对性的教学方案，使教学的每个步骤都能切实地体现出分级性。

2. 分级教学模式的优势

（1）有利于师资的合理配备

分级教学模式有利于优化师资力量，使每位教师都有机会施展自己的才华。一些具有丰富教学经验的教师比较擅长讲授基础的概念，可以将这些内容讲得生动、活泼，这些教师适合教初级班的学生。而有的教师学术知识渊博，具备较强的授课能力，适合教授优化班的学生。

总之，由于分级教学模式在教学目标、教学计划、教学方法等诸多方面都有很大的不同，该模式有利于学生公平竞争、学习，同时可以使学生平等地享受符合自身特点的优质教学资源。

（2）有利于发展学生的个性

分级教学模式依据不同的级别来制订教学计划与教学方法，注重因材施教，因此，可以很好地改变教学模式的弊端。在英语教学中实施分级教学模式，可以结合不同学生的发展程度，有针对性地制订教学计划，根据学生的英语水平，开展不同的教学内容与教学进度。该教学模式可以帮助学生将学习英语的外在压力转化为内在学习动力，提高英语学习的效率，还能体现学生自主学习的教学理念。

（3）有利于提高学生学习的积极性与教师教学的积极性

分级教学提倡因材施教的教育理念，同时隐含着优胜劣汰的竞争机制，这会使学生产生一种危机感。在分级教学模式下，为了避免被淘汰，学生往往会发奋学习，争取进入高一级别的班级。这样有利于激发学生学习英语的积极性，也提高了学生学习英语的信心。

分级教学模式除了有利于提高学生学习的积极性之外，也有利于激发教师教学的积极性。分级教学需要考虑更多的内容，如学生的需求、基础水平等。在此基础上，教师根据学生的层次来制定教学目标与教学计划，激发不同层次学生学习的热情。采用分级教学模式的教师不需要考虑兼顾不全的问题，从而将注意力集中于教学内容，而不是如何组织课堂教学，这样教师教学的积极性也会有相应的提升。

3. 分级教学模式的原则

（1）因材施教原则

教师在进行分级教学时应该遵循因材施教原则，考虑到每个学生都有自己的个性特点。因此，教学应该根据学生的差异进行个性化的设计和调整，以满足不同学生的需求和提高学习效果。

（2）循序渐进原则

在分科教学中，循序渐进也是一个重要的原则。学生的知识体系需要逐步积累，从量变到质变，才能更好地理解和掌握知识。分级教学模式恰恰体现了这一原则，教师可以根据学生的学习水平和潜力进行教学，同时选择适合学生的教学方法，有利于学生逐步提高知识水平。

4. 分级教学模式的实施

（1）科学分级

实施分级教学的第一步是根据学生的英语基础水平和发展潜力进行科学的分

级。通常，学生会被划分为三个级别，即一级、二级和三级，划分比例通常依据"两头小，中间大"的原则来确定。

三级班的学生拥有较为扎实的英语基础和较高的语言运用能力。在教学过程中，教师应注重培养学生的听、说能力，并可以在最后一个学期增设选修课程，如英美文学、报刊文摘等，以满足学生对英语学习的需求。

二级班的学生已经基本掌握了英语的语音和语法知识，但是他们的听、说能力仍然需要提高。教师应该按照正常的教学进度，逐步加强学生的英语听说训练，以稳步提高他们的英语水平。

一级班的学生，他们对英语的语音、语法和词汇掌握还不够扎实。在教学中，教师应该适当调整教学难度，注重对语音、语法和词汇方面的教学，以巩固学生的英语基础。

（2）提高区分度

通常，分级是根据学生的高考成绩与摸底考试的分数而进行的。近年来，自主命题的方式在很多地方得到了运用，这样高考分数不再是分级的唯一标准，而是分级的一个参考。再加上学生对摸底考试的重视程度有很大区别，因此，摸底成绩难免会存在误差，据此进行的分级也就具有一定的偶然性。在实施分级的过程中，为了提高区分度，可以考虑实行双向选择。以高考成绩为参考，对学生进行摸底考试，同时，要结合学生个人意愿，在分级之前做好分级教学的解释、安排工作，让学生根据自身情况申请级别，最终结果由学校审定。这样就使学生的被动选班变为自主择级，同时有利于调动学生学习的积极性。

（3）贯彻好升降调整机制

所谓升降调整机制，指的是根据选拔和自愿的原则，在一定范围内定期调整学生的级别，使学生的级别随学习的兴趣、成绩、能力变化而变化。分级之后，安排进步的学生升级，安排退步的学生降级。通过采用升降调整机制，既可以激发学生学习的热情与积极性，又可以促进学生努力学习，积极进取。

采用分级教学模式，班级级别不同，教学内容、教学形式、教学进度等也存在诸多差异，这给升降调整机制的实行带来一定困难。为了更好地解决这一问题，可以成立高级班，选拔英语较好的学生，同时，作为实验班固定下来，不实行升降机制。二级与一级之间实行升降机制，事前设定好升降级的比例与名额，每学期微调一次。这种做法科学合理，可使不同级别紧密衔接起来。

（4）制定科学的评价标准

采用分级教学模式，还应注意制定科学的评价标准。为了更好地检测教学效果，对不同级别的学生进行测试，所采用的试卷难度应有所区别，确保所测成绩的合理性。

5.分级教学模式的问题

在分级教学模式下，个别学生容易产生自卑心理，对英语学习的积极性不高。尤其是一级班的学生，他们可能会因为被安排到低层次班级而产生自暴自弃的想法。如果学生对课堂教学形式与学习氛围不满意，他们就会对学习失去兴趣，从而会影响教师的教学效果。

在分级教学模式下，英语教学班级中的学生来自不同专业、不同班级，这增加了对学生的管理、排课、考勤的难度。一旦管理操作方式出现了问题，就可能导致学生旷课、缺勤等情况的发生，影响教学效果。

在分级教学模式下，一些教师考虑到英语成绩不好的学生教学效果一般，这对学生对教师的考核评分会产生一定的影响，所以不愿承担一级班的课程，纷纷争抢二级班、三级班的课程。还有学校直接将有资历、教学能力强的教师安排到三级班，将资历浅或新教师安排到一级班，这必然会影响教师教学的积极性。

为了降低上述问题所造成的负面影响，应积极探索完善的分级体制，制定科学合理的制度规范，提高教学的有效性。

（二）个性化教学模式

1.个性化教学模式的概念

在教育研究界，"个别教学"与"个性化教学"的概念往往被混淆。个别教学的英文是"Tutorial instruction"，个性化教学的英文有"Individualized Instruction""Individualized Teaching""Personalized Instruction""Personalizing instruction"等。这些词含义相近，但也存在一定的差异。"Individualized Teaching"

和"Individualized Instruction"两个术语进行区分，前者强调的是教学过程中师生之间的互动、学生与学生之间的互动以及学生与学习资源之间的互动，后者则是要求学生按照自己的学习进度安排学习任务，学生也可参与制定自己的学习日程。

通俗来讲，个性化教学就是指教学中根据不同学生个体的特点，采用不同的教学方法和教学途径，从而达到预期的培养目标。这种教学模式可以采用多种教学手段进行，如个别教学、小组教学等。

在具体的英语教学中，教师需要以教学目标为根据，依托具体的教材，在课堂上完成教学任务。

可以说，个性化教学是传统英语教学的延伸，同时也是一种改革与创新，对于学生个性的发展、素质的提高有着积极的推动作用。

2. 个性化教学模式的优势

（1）有利于提高学生的学习兴趣

个性化教学模式注重尊重学生的主体性，为学生提供实现个性化发展的机会和条件，使学生得到更多的重视和关注。这种模式能够增强学生的学习积极性和专注度，提高他们对学习的兴趣。个性化教学模式更加注重师生之间、学生之间的互动交流，学生可以随时提出问题，教师会及时给予解答。通过长期实践，这种教学模式能够有效地激发学生的学习兴趣，帮助他们获得更好的学习成果。

（2）有利于创建平等和谐的教学课堂

个性化教学模式重视学生的主体地位，尊重学生的个性和想法，注重师生之间的互动，为学生提供了表达自己观点和想法的机会。这有助于营造一个和谐的课堂氛围，建立一个平等、和谐的教学环境。

（3）有利于个性化人才培养

个性化教学模式把学生的个性发展、职业规划和社会需求有机地结合在一起，符合当前知识经济与和谐社会的高要求。在英语教学中，采用个性化教学模式可以为学生创造一个有利于个性发展的学习环境，让学生充分发挥自身的优势，为未来的职业发展做好准备。

3. 个性化教学模式的要求

（1）教学理念的个性化

理念，即理想的观念，是人们不断追求的观念。个性化教学模式应确保教学理念的个性化。英语教学理念的个性化并非标准化的英语教学，而应是内涵丰富、多元化的英语教学，是富有独特性的英语教学。

（2）教学目的的个性化

个性化教学还要求目的的个性化。英语教学的目的是培养个性化的人才，而非标准化的人才，教学应致力于呈现学生个性生活丰富多彩的一面，而不是千人一面，同时培养学生的创新意识与创新能力。

（3）教学内容的个性化

个性化教学在内容上的个体化主要体现为以下两点：

①个性的多样性与课程的选择性

根据个性的多样化，教师在英语教学中应尊重每一位学生的个性特征，以学生的学习方法与经验作为参考，塑造学生独特的知识、能力与价值观。英语教学应充分挖掘每个学生的潜能，使学生的特长得到充分发挥，做到人尽其才。这就需要建立课程的选修制度，让学生根据个人情况自己选择，促进学生个性发展。

②主体的参与性与课程的生成性

学生可以积极地参与实践活动而获取知识的意义至关重要。教学活动与课程是学生个性发展的实践性活动。在课程教学中，学生只有亲身参与实践才能真正学到知识。

就课程的生成而言，个性化教学模式应注意几个方面：

第一，如上所述，建立选修课程，发展学生的独特个性。

第二，英语教材应该从"一纲一本"向"一纲多本"转变，使教材满足不同学生个体的需要。

第三，课程知识应考虑学生的个性特点，可以通过图文并茂的形式来呈现知识，做到多元化。

第四，课程应该保证分化与统整，实现二者的紧密结合。

（4）教学方法的个性化

个性化教学模式还要做到方法的个性化，根据不同的学习对象与知识类型进行选择。具体可以考虑以下一些教学方法，如有意义的发现学习、有意义的接受学习、情感体验学习、体悟—感悟—顿悟学习。英语教师应熟悉和掌握相关方法的理论知识，并注意将理论运用于教学实践中去。

（5）教学形式的个性化

在英语教学过程中，教师难免会遇到一些问题，如教什么、如何教、如何实现教学目标等。这些问题主要由学生的意向、兴趣、能力、经验、需求等所决定。从学生层面来看，这种学习活动具有自发性，因此，教学要注意做到教学形式的个性化。在具体的教学实践中，教师可以采取多种形式，如小组式、同伴式、合作学习、探究学习、自主学习等来完成教学。

（6）教学手段的个性化

个性化教学模式要求教学手段的个性化，主要涉及教学中综合利用多种资源，如网络资源、计算机资源、社区资源、校园文化资源、广播电视资源等。这些资源对学生的个性化学习具有重要的辅助作用，充分利用这些资源，有利于促进学生全面自由发展。

4.个性化教学模式的原则

（1）尊重学生的个性发展

重视学生的个性发展是开展个性化教学的核心原则。随着我国英语教学改革的不断深入，学校对学生的素质教育提出了更高的要求。素质教育和学生的个性发展之间有着密切的联系。在英语教学中，教师应该充分意识到个性化教学对学生的个体素质和成长的积极影响。

①个性是素质教育的重要出发点

随着社会的不断进步，各国之间的交流越来越频繁，因此对英语人才的需求也越来越大。英语教学作为专门培养英语人才的渠道，如何在当前的教育制度下有效地培养更多的英语人才，已成为当前英语教学领域的一大难题。

如今，社会对人才的需求呈现出多样化的趋势，而以往的英语教学方法很难满足多样性的需求。个性化教学注重学生个性特点,推动学生的个性能力发展。为了培养更多的英语人才,英语教育必须尊重学生的主动性和个性特点,开发学生的智力与潜能,培养学生的个性,只有这样才能满足社会发展的需求,最终提高学生的素质水平。

②个性倾向性影响个体的素质发展

人的个性倾向会对个体的素质产生重大影响,同时也是人类进行活动的内驱力。个性倾向往往是个性发展中最为活跃的成分,对人们想要做什么以及追求什么起着决定性的作用,因此,人对外界的态度和认知往往能体现出个体性格的倾向。

具体而言,个性倾向主要包含动机、需求、态度、兴趣、理想、爱好、价值观、信仰等层面,这些个性化的因素会对学生个体的素质产生以下几个层面的影响:

第一,理想与信念是个体前进与发展的动力。无论是在学习上,还是在生活中,理想和信念都有助于推动学生的前进,促进学生采用积极的心态去追求自己的理想。这种积极性有着极大的推动作用,对理想与信念的达成有重大意义。

第二,动机是个体素质发展的正向刺激,能够激发学生去采取行动。在学生英语素质发展的过程中,动机能够引发和强化学生的行动。

第三,需要是学生动机的诱因,有了动机的驱使,人类才会有更多付出的机会。在个性形成与发展过程中,个体的需要和动机都表现出明显的差异。个性化教学过程中需个体的动机和需求,同时,教师还需要将自身的引导作用发挥出来,让学生了解自身努力的方向和内在需求,从而引领学生实现提高英语素质。

第四,学生个体的兴趣和爱好也有助于激发学生的求知欲,促使其产生对事物探索的欲望。在这种欲望的驱使之下,学生会主动寻求答案。在英语学习过程中,有强烈求知欲的学生会有较好的成绩。

(2)尊重学生的主体地位

在个性化教学中,学生是主体,而教师则要尊重学生的主体地位。因此,在教学过程中,教师需要以学生为中心,以学生的需求和兴趣为出发点,与学生进行平等的对话,并积极合作,来展开教学安排与设计。这是基于尊重学生主体地位的原则。

在教学中尊重学生的主体地位，能够让学生感到被尊重和认可，从而激发他们的学习动力和积极性，进而提高英语教学的效果。具体来说，个性化教学模式中尊重学生主体地位包含以下三个方面：

一是培养学生的自主学习能力和自我管理能力，引导他们积极主动地参与学习，并教授他们一些主动思考的技巧，让学生认识到自己的主体地位。

二是在教学中，应该充分考虑学生的特点和兴趣爱好，以此来设计教学活动和选择教材。

三是英语教学的步骤和内容也应该根据学生的需求和水平来制定，以学生为中心，让教学活动更贴近学生的需求。

展开个性化教学模式的重点就是尊重学生的主体地位，当学生的个性差异充分发挥出来，学生的综合素质才可以不断提升。

（3）尊重学生的自尊心理

尊重学生的自尊心理对于个性化教学的实施大有裨益。自尊心往往具有渗透性，对人类的行为模式产生直接影响。当一个人不具备自信心、自尊心，并且对自己不了解的时候，就无法利用自己的情感、认知等进行学习或展开学习任务。

通过自尊，个体能够发出赞同或者反对的态度，从而表现出自身的意义、能力、价值等。在个性化教学模式的实施中，尊重学生的自尊心对于教学和学习有着重要的意义。具体而言，教师应该使学生自身的优势发挥出来，对于个体的缺点也要有包容的态度。用肯定的、积极的态度展开教学工作，从而推动学生英语能力的提升。

5. 个性化教学模式的实施

（1）转变教学观念

要有效实施个性化教学，教师必须重新审视自己的角色，以确立学生的主体地位。这可以通过以下几个方面来实现：

一是不仅要注重教师的教学方法，还应该关注学生的学习方法，二者结合才能提高课堂教学效果。

二是要改变以传授知识为主的教学观念，教师应该成为学生的指导者，突出学生的主体地位。

三是加强师生之间和学生之间的交流，通过交流解决课堂中的问题。

（2）制定差异性目标

采用个性化教学模式要求教师在备课时根据学生的兴趣、思维、意识等方面的差异，在准确把握教材的基础上，制定出差异性教学目标。

教师应对以下两个方面展开分析：

一是对每节课的教学内容进行分析，制定共同目标，确保个个学生都可以达到这一目标，同时确定本节课的扩展方向，为学有余力的学生制定更高级别的目标。

二是对学生进行分析，了解每个学生的学习优势、学习类型，了解他们的不同需求与特点。尤其应注意了解学习存在困难的学生的基础与本节课的起点所应具备的基础之间的差距，明确在目标实现过程中所需的帮助。只有确保课堂教学活动与教学方式灵活多样，才能激发更多学生积极参与到教学活动中去。

教师的教学设计中应具有共同的基础内容、预备内容以及扩展内容。有个人活动，也有小组活动；有实践性活动，也有创新性活动。合理设置差异性目标，满足不同个性学生的不同需求，使不同学生都能体验到学习的乐趣，享受成功的喜悦，从而提高学习动力，促进英语学习。

（3）发挥多媒体的优势

兴趣是最好的老师，学生对语言是否有兴趣对语言学习效果有很大的影响。实施个性化教学，可以将多媒体引入英语教学当中，从而激发学生对英语的兴趣。将多媒体与个性化教学结合起来的方式有很多，如可以让学生给英文短剧配音、观看原声英文电影等，从而激发学生学习英语的积极性，同时有利于充分体现学生的主体性，使学生个性发展空间得到扩展。

（4）建立有效的个性化评价体系

个性化教学模式强调评价对于教学过程的意义。个性化教学模式要求教师在进行评价时，应尊重学生个体的差异，同时，要根据学生的基础与个性的改变而做出相应的调整。此外，在评价过程中，教师应注意坚持激励性原则，充分发掘每个学生的个性潜能。

个性化教学模式具有传统的授课式教学所不能比拟的优点。将个性化教学模式融入英语教学中，充分发挥学生的主体作用，采取不同方法来激发学生的学习兴趣，不仅有利于提高学生的自主学习能力，还有利于提升英语教学的质量。

（三）反思性教学模式

1. 反思性教学模式的概念

杜威是 20 世纪初提出反思性思维与反思性教学的先驱者。他认为反思是一种在实际经验中产生的特殊思维形式，是通过疑问、窘迫引起的有目的的探究和问题解决。通过反思，人们可以利用以往的经验进行推理，并进行检验，以作为将来推理的依据，从而将行动和知识结合起来。杜威认为教学问题情境是复杂的，充满变化，没有通用的行之有效的问题解决方法。因此，他提出"教育即生活""在做中学""在经验中反思"的理念，认为教育应该与现实生活紧密结合，通过实践经验不断反思和提高自己的能力，而不是单纯为未来的生活做准备。

肖恩受到杜威的影响，于 1983 年发表《反思性实践者》，详细探讨了"反思性实践"和"反思性行动"的概念。他认为反思性教学注重主动尝试，对问题进行思考、设计与策划，并形成暂时性的行动策略。同时，他强调反思性教学中"理论与实践"的互动非常重要，所形成的理论是"实践中的理论"或"行动中的理论"，而非在书本中寻找现成答案，再进行运用。1987 年，他又发表了《指导反思性教师》一书，进一步探讨如何引导教师进行反思性教学。

根据以上论述可知，肖恩在杜威的基础上对反思性教学进行了深入的探讨和研究，并逐渐引起了人们的关注。因此，反思性教学作为一种教育策略开始引起教育研究领域的广泛关注，成为教师教育、课程设计和课堂教学改革等方面的重要方式。

2. 反思性教学模式的优势

反思性教学模式有利于促使教学转变教育观念，淘汰陈旧的课堂教学模式。通过反思性教学可确立以下两个教学目标：

一是学会教学，即促进教师自觉提升自身教学实践的合理性，使教师从知识的传授者向学者型教师转变。

二是学会学习，教师通过不断学习，完善自身的知识体系，在课堂教学过程中教会学生学习的方法。

此外，反思性教学模式有利于促进教师职业道德素质的提升。教育这项工作伟大而光荣，从事这项工作的教师，完善职业道德素质比提高教学水平更重要，只有不断反思自身的教学行为，才能更好地激发教师的责任感与荣誉感。

3.反思性教学模式的特点

（1）主体性

反思性教学模式强调教师的主体性，即教师通过自我反思实现教学方法的更新和教育理念的提升。教师是反思性教学的核心，其动力来自教师专业发展的积极性和责任感。教师需要不断更新教学观念，关注教学效果，主动发现并分析教学中出现的问题，并最终加以解决。

（2）探究性

探究性是指反思性教学模式中的教师会不断追求教学实践的合理性，并且在实践中积极发现有价值的问题并对其进行分析和解决。在这个过程中，教师会主动探索新的问题和策略，以提高教学效果。

（3）批判性

反思性教学模式强调教师应具备批判性思维能力。这种思维方式具有辨别真假、批判思考的特点。当教师接受和应用专家理论时，应以批判的态度看待问题，区分真假，避免机械接受和照搬。

（4）情境性

在英语教学中，教师所面对的实践情境并非一成不变。采用反思性教学模式，教师可以在多变的教学情境中对教学活动加以监控，并做出适当的调节，确保教学实践的合理性。这就是反思性教学的情境性。由于教学情境变化不定，现成的教育理论与教学方法通常会失去价值，教师只有通过不断反思，超越自我，采用新的教学方法，才能真正提高自身的教学水平。

（5）内隐性

反思性教学还具有内隐性。通常，教师通过反思而建构的个人实践与知识往往是一些与个人经验与感受相关的隐性知识，尽管可借助反思日志与行动研究将反思过程呈现出来,但大多数情况下,反思仅仅存在于反思者的头脑中。

4.反思性教学模式的实施

(1)课前反思

反思性教学模式的课前反思是实施反思性教学的先决条件。在课前反思中,教师需要关注以下几个方面:

一是教学目标的反思,包括情感目标、知识理论、认知目标、语言交际动作目标等,以确保目标的合理性和有效性。

二是教学内容的反思,教师需要根据教学实际情况,有针对性地制定相应的教学内容,保持与教材内容和理论实践的一致性,避免对大纲教材的过度依赖。

三是教学过程的反思,包括对自身的要求以及对学生学习目标的要求,以达到教学过程的优化和提高教学效果的目的。

(2)课中反思

课中反思要求教师在开展具体的教学活动的同时注意对自己的教学行为加以监控、批评,以获得反思与提升教学效果所需要的资料和信息。

(3)课后反思

课后反思是在教学结束后,教师就自己在课堂上的各种教学活动进行的自我批评性的反思。通过课后反思,有利于促进教师教学经验的理论化,实现教学实践经验,与知识理论的有机结合。

反思性教学并不是一两次的课堂行为,而应持续进行,从课前的准备到课后的补偿,各个阶段紧密相连,共同构成反思性教学系统。

(四)任务型教学模式

1.任务型教学模式的概念

任务型教学模式是一种外语教学方法,被广泛应用并受到语言学家和外语教学实践者的认可。它是交际教学法的发展,强调通过实际的语言使用活动来掌握语言,而不是简单地训练语言技能和学习语言知识。在任务型教学中,教师应该针对具体的交际和语言项目,设计出具体的任务,通过学生的表达、沟通、交涉、解释和询问等语言活动形式来完成任务,以达到学习和掌握语言的目的。

任务型教学以任务为核心，将学习过程看作一系列直接与课程目标相联系并为其服务的任务，其目的不仅是训练语言技能和学习语言知识，更重要的是让学生通过实际交际活动来掌握语言。在任务型教学中，任务是组成独立教学单元的核心，教学活动围绕任务展开，以完成任务为教学目标。需要注意的是，任务不是单纯的课内或课外的教学或学习活动，而是整个系统或课程的有机组成部分。

2. 任务型教学模式的目标

（1）发展语言技能的运用能力

发展语言技能的运用能力是任务型教学模式的一个基本目标。语言运用能力的具体目标为准确性、流畅性。准确性是指规范地使用语言，按语法的规则表达。不准确的语言会影响有效的交流，长期使用不准确的语言还可能固化。任务型教学模式通常将语言的准确性放在第一位，即注重语言形式的准确。流畅性是所有语言教学都追求的目标。任务型教学在注重语言准确性的同时，还注意用各种各样的方式培养学生的语言流利程度。一些学者指出，人们在使用语言时头脑中存储的不是支离破碎的语言，而是一块一块的语言，是一些预先组织好的短语和固定的表达方法。因此，教师不仅要注重发展学生的单个语法结构，而且要注重学生的综合语段能力。

（2）提高素质

任务型教学不仅倡导从语言技能教学的角度来认识任务的作用，还从人的发展与人的培养方面看待任务的作用。从本质上说，任务型教学是人文主义的教学理念。按照利特尔伍德的观点，任务型教学有三个层次的任务：第一个层次只涉及交际，第二个层次涉及认知，第三个层次是人的全面发展。由此看来，任务型教学也要通过学生学习外语的经历和体验发展学生的个性，不仅包括文化意识、情感态度等，还包括发展创造性与个人人际交往的能力。

3. 任务型教学模式的原则

（1）趣味性原则

通过有趣的课堂交际活动可以有效地激发学习者的学习动机，使他们主动参与学习，这是任务型教学模式的优点之一。因此，在任务设计中，很重要的一点便是考虑任务的趣味性。机械的、反复重复的任务类型会使学生失去参与任务的兴趣，因而任务的形式应多样化。需要注意的是，任务的趣味性除了来自任务本身之外，还可来自多个方面，如多人的参与、多向的交流和互动、任务完成中的人际交往与情感交流以及解决问题中或完成任务后的兴奋感、成就感等。

（2）明确性原则

在布置教学任务时，教师需要明确教学目标、要求和教学重难点，不能停留在简单地创设任务情境上。教师还应该具体呈现任务内容，包括任务的目的、完成任务需要经历的不同阶段、时间安排、具体实施步骤、学生完成任务的形式、合作方式等细节内容。只有这样教师才能更有针对性地布置任务，学生才能清晰地了解需要努力的方向。

（3）真实性原则

真实性原则主要有两个方面的含义：第一个方面是指学习任务的设计应该提供明确、真实的语言信息，让学生在模拟真实情境中学习和应用语言；第二个方面是指教师在设计任务时，应尽可能使用真实的语言材料，并将其与学生的实际生活和社区生活结合起来，以满足学生的实际交际需求。教师应该根据学生的需求和实际情境来创造适当的任务情境，让学生用所掌握的语法知识表达各种真实的意思，而不仅仅是关注语法结构的练习。

（4）扶助原则

对师生关系而言，教师是以合作者的身份对学生进行帮助与扶持。这种帮助与扶持涉及认知需求与情感状态两个方面。从认知的角度来看，教师应当启发学生已有的背景知识和语言资源，帮助学生完成学习任务。在这个学习过程中，学生可以与教师或同学"共同构建"要说的话和要完成的任务。从情感的角度来看，任务型教学倡导小组活动、合作学习。合作学习可以维持学生足够的兴趣，并在解决问题时控制学习产生的挫折感等。学生之间也可以相互支持、协助与合作，这里主要涉及学生个人经历对学习的促进作用。学生对知识的学习并不是简单的套用，而是在其原有的知识结构、经验背景的基础上，经过新旧经验的交互作用建构起对知识意义的理解。

（5）连贯性原则

连贯性原则涉及任务与任务之间的关系，以及任务在课堂上的实施步骤和程序，即怎样使设计的任务在实施过程中达到教学和逻辑上的连贯与流畅。任务型教学并非指一堂课中穿插了一两个活动，也并不指一系列活动在课堂上毫无关联的堆积。在任务型教学中，一堂课的若干任务或一个任务的若干子任务应相互关联，具有统一的目标指向，同时在内容上相互衔接。

（6）互动性原则

互动性指两人或两人以上相互交流思想、情感的活动，其结果是交流的各方从中受益。有学者认为，学习者是在参与活动与完成任务的过程中，通过交际性和有目的的交互活动掌握语言的。互动性的重要作用集中体现在促进语言自动性的生成，这是二语习得研究者从探究儿童语言习得过程中获得的启发。布朗认为，有效的语言学习涉及从对少量语言形式的控制及时地过渡到对相对无限的语言形式的自动加工，而互动被认为是促进这种自动性形成的有效途径。在互动中，学生可以把注意力放在意义的表达和信息的理解上，而不再是语法或其他语言形式。这样，学生便从语言控制中解脱出来，将其拥有的语言全部用于（类似）真实生活的交际，进行真实意义的表达。

4. 任务型教学模式的实施

（1）任务前阶段

任务前阶段包括任务准备阶段和任务呈现阶段，其目的是促进学生对已有知识的激活，帮助学生重新组织语言系统和思维方式，以便更好地完成任务。此外，这一阶段也旨在为学生提供完成任务所需的语言和文化知识，从而减轻学生在完成任务时的认知压力，让学生更加主动地参与学习。

①任务的准备

任务准备阶段包含两个方面的内容：一是要获取、处理或表达的信息内容，二是完成任务所需的语言知识、技能或能力。在这个阶段，语言输入的真实性和任务的难度尤为重要。教师的教学材料应该既符合自然交际环境的真实性，又满足课程标准的指导要求，这两个因素共同构成英语课堂环境下的语言输入。任务的难度主要受三个因素影响：所学内容、任务类型以及学习者个人因素。任务的准备阶段旨在帮助学生激活已有的知识资源、重构语言系统和思维方式，并为下一阶段的任务完成提供所需的语言知识和文化知识,从而让学生成为主动的学习者。

②任务的呈现

任务的呈现是指教师在学习新语言之前向学生展示要求学生运用所学新语言完成的任务。在这一阶段,教师所要做的是提供给学生与话题有关的环境以及思维的方向,并把所要学习的新知识与学习者已有的知识结构建立某种联系,调动起学生的求知欲,使学生满怀期待地开始新课的学习。教师需要在学生激活了完成任务所必需的语言知识和语言技能后再导入任务,这样是为了学生学习的顺利进行以及为下一个环节奠定基础。

(2)任务中阶段

任务中阶段即任务实施的阶段,也是学生语言技能的主要习得阶段。在这一阶段,任务的选择极为关键,任务的难度过高或过低都不利于学生的学习,因此,教师要合理选择任务的难度。虽然教学中经常出现任务难度过高或过低的现象,但教师可以采用多种方法来弥补这种现象。例如,当任务难度过高时,则可以利用图表、图像,以降低难度;当任务难度过低时,可以添加其他学习内容或设计更多具有思维挑战和判断性的任务。

学生实施任务可以采取的多种形式,如结对子或以小组形式自由组合的形式,也可以由教师设计许多小任务构成任务链。其中,小组活动是比较常见的活动方式。在进行小组活动时,要有明确的个人任务与小组任务,要对学生和教师的角色进行适当的转换。当然,教师要对小组活动进行适当而明确的指导,并参与学生的小组活动。这样教师可以及时地对学生实施任务的情况进行监督、指导,并根据具体的情况,随时对教学策略进行调整。

(3)任务后阶段

任务后阶段主要包括任务的汇报和评价。完成任务后,学生可以派出代表向全班报告任务完成情况,代表可以由教师指定或由小组推选产生。学生汇报任务时,教师应该给予适当的指导和帮助,以确保学生的汇报准确流畅。

当所有小组任务汇报完毕后,教师应与全班一起对任务进行评价,指出各组的优点和不足,评选出最佳小组,让学生品尝成功的喜悦,并认识到自己的不足。在评价过程中,教师要引导学生正确、理性地评价自己和他人,帮助学生形成良好的评价思维方式。任务后阶段的意义在于促进学生反思任务完成的过程,并为他们提供进一步学习的机会,从而加深对语言形式的理解和运用。

三、英语技能教学面临的时代要求

(一)英语技能教学中的核心素养

1. 语言能力

所谓语言能力,是指在社会情境中,借助语言来理解、表达的能力。作为英语技能教学而言,这一能力是学生应具备的基本能力,也是英语这门学科核心素养的核心。对于英语这门学科而言,听、说、读、写属于基本的语言技能,因此,对这四项基本技能的培养是非常必要的。同时,在时代背景下,学生需要面临各种数据、图标形式的资料,因此,他们还需要掌握"看"的技能,通过"看",他们才能获得第一手资料,因此"看"也成为语言能力的一个独立元素,需要学生学会"看"的本领。

2. 文化品格

文化品格不仅包括了对文化现象、情感态度、价值观的认识,还包括了对语篇反映的文化传统和社会文化现象的评价和解释。通过总结和比较语篇反映的文化,培养自己的文化态度、文化立场、文化认同和文化鉴别的能力。

在英语技能教学中,注重培养学生从多元文化的角度来思考和学习,通过比较、辨析中西文化的差异,帮助学生建立自信、自尊、自强的价值观,掌握传统文化和运用外来文化的能力,进而成功地进行跨文化交流。

3. 思维品质

思维品质在英语技能教学中具有重要意义,它与一般的思维能力和语言能力核心素养的理解与表达能力有所不同。思维品质是指在学习英语技能的过程中,通过掌握概念性的英语词汇和表达句式,培养出从多个角度来理解问题的能力。

思维品质是与学生个性发展最为相关的核心素养之一。提出和加强思维品质的理念与英语教学改革的方向是一致的,同时也是实现"立德树人"目标的重要措施。

4. 学习能力

学习能力不仅指对英语技能学习方法与策略的掌握,还包含对英语技能学习的认知与态度。学生应该主动拓宽英语技能学习的渠道,积极运用所学策略,提升自身的英语学习效率。

另外,学生不应该拘泥于以课本、课堂为核心的教育情境,而应该从课堂走向课外,扩充自己的知识面。可见,对于学生而言,这一能力十分必要。

(二)英语技能教学中核心素养的培养策略

1. 转变观念,创新英语技能教学模式

要在英语技能课堂中真正有效地实践核心素养教学,就必须创新传统的课堂教学模式,打破过去限制学生角色的固定模式。具体来说,应该从以下两个方面入手:

一是在英语技能课堂教学中,应该明确学生的主体地位,教学模式应该以学生的身心发展为中心。特别是在义务教育阶段的学生,尤其是来自中小城市或农村地区的学生,往往缺乏信心。因此,教师在技能课堂教学中不仅要传授课堂大纲中规定的知识,还要为学生创造一个轻松愉快的学习环境,提升学生的主体地位,鼓励他们积极参与到课堂教学中来。

二是在技能教学模式的选择上,应注意让学生主动参与,提升他们学习英语技能的信心。在具体的实践中,教师可以采用示范教学,教师充当示范者,与教学对话场景相结合,与学生开展真实对话,然后指导学生上台表演。这样的场景与学生的具体生活实践结合起来,如超市中的收银情况、就医中医患的对话等,引导学生发挥自己的想象力与潜能,树立自己英语学习的信心,让他们亲身体验成功的喜悦。长此以往,就会形成一个良性的循环,从而使学生学会英语的听、说、读、写技能,并且对英语语言的应用能力与综合表达能力有重要意义。

2. 培养学生的求知欲望,激发学生的创新思想

任何优秀的教学模式成功的前提大多在于学生具有强烈的求知欲望,否则很

难发挥教学的作用，也很难提升学生的综合技能水平与素养。与学生课下的自学与复习相比，课堂教学具有互动性强的特征，因此，有助于提升学生的求知欲望，也有助于激发学生的创新性思维。

在英语技能课堂教学中，应该考虑中学阶段学生的身心特点，制定符合学生身心特征的教学方案与措施。

随着互联网技术的发展，学生的思想意识发生了重大改变，他们的独立意识逐渐增强，信息获取速度更快，知识更新与存储能力更强，关注点与兴趣点也是当今的热点话题。但是，这也造成了知识的碎片化与浅显化。中学生处于青春期，具有强烈的求知欲望，且富有好胜心，因此，不能忽视培养学生艰苦奋斗、扎实学习的精神。在英语技能课堂教学中，教师应该积极为学生创设新颖的学习情境，使这些情境穿插于学生的知识学习之中，从而激发学生的学习热情与积极性。

第三节　英语教学的方法

自 17 世纪现代英语诞生以来，有关英语教学法的研究就从来没有停止过。如今，英语教学法正逐渐向多元、综合的方向发展，具体探讨英语教学中常用的教学方法，对于教师灵活选用教学手段、提高教学效果很有帮助。因此，本节我们先讨论教学方法的定义与框架，然后具体介绍几种英语教学中经常使用的教学法，在此基础上，探究英语教学法的发展。

一、英语教学方法的内涵

（一）教学方法

1. 教学方法的概念

在描述教学方法的概念之前，应该解读"方法"这一概念。方法指的是关于解决思想、说话等问题的门路、程序。由方法含义能够看到，方法的意思可以大也可以小。如何理解教学方法呢？现今教育理论界、多种多样的教育学和教学著作当中，人们对教学方法都有着不一样的认识，自然针对教学方法下的定义也是不一样的。下面罗列了一些代表性的观点：

（1）方式说

方式说指出，教学方法是教师在教学过程中为了达成教学目标所采用的工作方式和在教师指导下学生的学习方式。

（2）措施说

措施说指出，教学方法是教师为达成教学目标，实现教学目的，在教学过程当中使用的一系列措施。

（3）手段说

手段说指出，教学方法是教师为完成教学任务所采用的教学手段。

（4）办法说

办法说指出，教学方法是教师为完成教学任务而采用的办法。

（5）操作策略说

操作策略说指出，教学方法是在教学过程中教师指导学生学习以达到教学目的，由一整套教学方式组成的操作策略。

上面教学方法的定义，虽然合理、正确地在某种程度上指出了教学方法的特点，但是细看也会发现定义中的不足之处，或失之偏颇，或过于含糊，并不可以充分表达出教学方法的真实的内在含义。方式、手段、措施、策略等，谁是属概念，谁是种概念，没有给出明确的约定，因此，缺少逻辑依据。

即使人们对教学方法有着不一样的界定，但还是具有共识之处的。教学方法与教学目的相联系，是实现教学目的必不可少的东西。教学方法自始至终都应该包含教师教的方法和学生学的方法，这就表现了教师和学生在教学中相互联系、相互作用和相互统一的活动特点。

这给人们更加深入地研究教学方法打下了基础。除此之外，人们还应该明白下面几个基本的问题：

一是教学方法与教学方式的关系问题。对这一问题，有的认为教学方法与教学方式是对等概念，二者可以互相指称和诠释，甚至可以相互取代和替换。有的认为教学方式是教学方法的上位概念，方式包含着教学方法；有的则认为教学方式是教学方法的下位概念，教学方法是具体教学方式的总称和组合。我们认为教学方式是构成教学方法的细节，是教师和学生的具体的基本动作，所进行的个别操作活动。也就是说，教学方法是由若干的教学方式构成的，同一种教学方法可以由不同的教学方式构成；而同一种教学方式也可以运用于不同的教学方法之中。

二是教与学及其方法的相互联系问题。对这一问题，有的将联系说成"师生共同活动"，有的说成"师生相互联系活动"，也有的说成"教与学相互作用"，或干脆说成"教与学的辩证统一"，应该说这种强调是必要的，但未免笼统和模糊，尚欠具体和明确。我们认为教与学的相互联系应确切地表述为"教师指导学生学习"，因此，教学方法就不应简单地分成教师教的方法和学生学的方法，然后再将它们简单相加而称教学方法，而应是"教师指导学生学习的方法"。

三是教学方法最邻近的属的问题。对这一问题，有的认为是"手段"，有的认为是"方式"，有的认为是"活动"，有的认为是"动作体系"，有的认为是"途径"。我们认为教学方法最邻近的属应该是"活动方式"。

基于以上认识，我们可以把教学方法的概念表述为：教学方法是指在教学过程中，教师指导学生学习以达到教学目的而采取的教与学相互作用的活动方式的总称。

2.教学方法的意义

教学方法是教学过程整体结构中的一个重要组成部分，同时也是组成教学活动的一个重要原因，这与教学工作的成败、教学效果的好坏和教学效率的高低有着直接的关联，教学活动中也占据了非常重要的位置。以下罗列了教学方法的意义：

（1）教学方法是联系教师教与学生学的重要桥梁

有效的教学方法可以使教学活动和学习活动进行有机结合，从而成为共同实现教学目的的活动。

（2）教学方法是提高教学质量和教学效率的重要保证

一个好的教学方法能够让人避免走许多弯路，不在错误的道路上浪费时间和精力，从而提高课堂教学的效率和质量。

（3）教学方法是影响教师威信和师生关系的重要原因

思孟学派的重要人物乐正克在《学记》中写道："善学者师逸而功倍，又从而庸之；不善学者师勤而功半，又从而怨之。"学生善学不善学与教师善教不善教具有十分密切的关系，教师通过合适且优秀的教学方法，从而拥有较好的教学效果，这些"善教者"更能够与学生融洽友好地相处，同时在学生中赢得较高威信。

（4）教学方法影响到学生身心发展

在皮亚杰看来，良好的方法可以增进学生的效能，乃至加速他们的心理成长而无所损害，不好的教学方法则可能会使学校成为"才智的屠宰场"。由此可见，教学方法对学生起到非常重要的影响作用。

(二)英语教学方法的定义和框架

1. 英语教学方法的定义

在中国英语教学的词汇中,"英语教学方法"一词含义并不相同。基于教学方法的概念,英语教学方法拥有不同的范围。总体来说,英语教学方法有三个层次,分别为宏观层、中观层、微观层。

宏观层指的是有关英语教学的系统的理论、观点、主张和操作程序,它们之间相互支持、配合,将它们进行融合,组成一个相对独立、完整的思想体系,不同于其他思想体系。所以说,宏观层的英语教学方法又称为英语教学流派,如语法翻译法、认知法等。

中观层指的是英语教学中一部分具有规律和固定的"套路",是一种较为复杂的、具有若干步骤的、系统的技巧和做法。例如,3P法、IRF法等。

微观层指的是具体的教学技能技巧。在此层面,"方法"一词是人们的生活用语,而不是英语教学的专用术语,意思是解决某一个具体问题的时候采用的某一具体做法,人们将其称作技能或技巧。例如,语法教学中的演绎法和归纳法、词汇教学中的默写法等。

英语教学方法是一种建立在系统的原则和程序基础上的语言教学的途径和做法,是与语言教与学有关的最佳方式的观点的应用,以上观点涉及语言和语言学习的本质特征、教学技巧和程序等。所以说,外语教学法作为非母语现代教学的一门科学和理论,具有自己的结构和研究对象。英语教学法可以归纳为一门研究教学的规律性、目的、内容、手段、具体教法、方法和体系的科学。

根据理查兹(Richards)等人的观点,英语教学方法的定义为:语言教学方法是以系统的原则和程序为基础的教授语言的方法,也就是有关如何按最佳方式教授和学习语言的观点的应用。不同的语言教学方法,如直接法、听说法、视听法、语法翻译法、沉默法、交际法等就是有关以下各方面的不同观点的应用结果:语言的本质特征,语言学习的本质特征,语言教学目标,教学大纲,教师、学生、教学材料等的作用,教学采用的技能技巧和程序步骤。

事实上,英语教学方法是有关英语教学的思想体系,并且这个理论体系包含理论基础和操作程序。在理论层面,包括英语教学的基本理论、基本观点、基本原则等问题，也就是有关英语教学的哲学思考、科学思维和逻辑推理。在操作程序方面，主要是有关教师做什么、怎么做，学生做什么、怎么做等具体问题，即有关教学活动的具体内容的决策、技术、技巧等问题。理论基础是科学分析，操作程序是科学应用，二者构成了英语教学的整体。

2. 英语教学方法的框架

了解英语教学方法的基本构架既可以了解、分析、比较、解决各种英语教学方法内部的问题，也可以为英语教师建立自己的教学方法体系，进而形成自己独特的教学风格提供参考。因此，下面我们就对英语教学方法的主要框架进行介绍：

（1）AMT 三级构架模式

英语教学方法的 AMT 三级构架是由美国应用语言学家安东尼（Anthony）提出的，这一模式说明了英语教学科学分析和科学应用两个层面之间既存在不同又相互依赖的关系。安东尼认为，英语教学方法的框架具有层次特征，其组织构架是技巧策略实现某种方法体系，而方法体系则必须与理论原则相一致。理论原则是有关语言教与学的一整套相关假设，理论原则具有自明性，其论述对象是教学内容的本质。方法体系是有关有序呈现语言教学材料的整体计划，这一计划的各个部分都必须相互和谐一致，并与其理论原则相一致。教学方法具有程序性，而理论原则具有自明性。在同一个理论原则的基础上，可以建立许多不同的教学方法体系。

总体来说，安东尼的 AMT 三级构架具有清晰的层次感和严密的逻辑性。这一框架共有三层，即 Approach、Method、Technique。在这里，Approach 是指"理论原则"层，其任务是阐述有关语言和语言学习的本质特征的基本认识和观点。这一层是基础层，直接决定 Method 层，间接决定 Technique 层。Method 是"方法体系"层，其任务是在对语言和语言学习本质特征的认识基础上，确立语言教学的基本内容、主要形式、操作顺序、活动特征、教学框架等。这一层是中间层，介于 Approach 层和 Technique 层之间，决定 Technique 层，自己也被 Approach 层所决定。Technique 是"技巧策略"层，其任务是描述课堂教学的技巧、策略、活动、任务等具体内容。这一层是表层，直接决定于 Method 层，间接决定于 Approach 层。

由于 AMT 三级构架只是把教学理论原则和教学技巧策略描述为教学方法体系的外围结构，而不是教学方法体系本身的内部结构，因此，尽管整个概念构架十分合理，但其所含的教学方法体系本身显得十分单薄。鉴于此，理查兹和罗杰斯（C.R.Rodgem）在该模式的基础之上创建了一个更为合理的模式，也就是 ADP 三维构架模式。

（2）ADP 三维构架模式

理查兹和罗杰斯在安东尼的 AMT 三级构架模式的基础之上，提出了英语教学方法结构 ADP（Approach Design Procedure）三维模式。

ADP 三维模式指出，一个完整的英语教学方法应该拥有三维描述，即教学理论原则（Approach）、教学设计（Design）与教学步骤（Procedure）。教学理论原则指有关语言和语言学习的基本理论，包括对语言本质特征的描述。教学设计是核心，主要对教学形式、教学顺序等进行分析以及确定，具体包括对教学目标、教学大纲等的描述。教学步骤是指教学方法的实施过程，包括课堂技巧、课堂行为等，但凡是课堂上能够具体进行、完成的行为均属于教学步骤。以上三者不仅有差别，而且有联系。跟理查兹和罗杰斯理念相符，一种教学方法，在理论上与教学理论原则相关，在组织上取决于教学设计，在实践上通过教学步骤来实现。

与安东尼的等级教学方法结构相比，从形态上来说，ADP 模式更趋完美，理查兹和罗杰斯的教学方法框架呈现出三维结构，A、D、P 三维既彼此独立又相互依存，共同构成教学方法的组成部分，形成了教学方法的完整构架。从内容上来说，ADP 模式更加完善，不仅把语言和语言学习理论以及教学技巧纳入教学方法体系范畴，而且对方法体系的核心内容进行了具体的分类，使之更加充实和丰富。

然而，从本质上来讲，教学方法本身只是概念的组合，而不是教学实践本身，教学方法的应用才是教学实践。ADP 模式将教学设计停留在理论的范畴，而把教学步骤推到实践的前台，这就使得教学步骤与教学设计不能很好地结合在一起，甚至出现分裂，导致一些内容重复出现在教学设计和教学步骤中。所以，将教学方法的课堂应用纳入教学方法体系本身的构架中本身就存在不合理的成分，很难令人信服。

（3）五层框架结构

五层框架结构是王才仁在综合前人教学方法构架的基础上提出的，明确了各自的定义及相互关系。五层框架结构的精髓在于通过教学策略这一层把与整个方法论相关的概念体系一分为二。具体来说，Methodology 和 Approach 是教学基础理论原则，是理论部分属于科学范畴。而 Method 和 Technique 则是实践部分，属于艺术范畴。这两个部分通过 Strategy 联系，使这五个部分有机地统一在一个完整的框架中，形成了一个上下一体、逻辑严密的英语教学方法论说明体系。这一模式的提出，丰富了中国英语教学方法的研究理论，积累了一份属于中国英语教学自己的思想财富。

王才仁的五层框架结构虽然具有很多优势，然而其存在的问题也是显而易见的。

该模式把教学策略定位于教学方法之上，与一般的观点恰好相反，容易引起理解和使用上的混乱。该模式把教学方法局限在狭小的课堂空间内，不利于方法的整体性与教学的整体性的一致。该模式提出的实验性教学法概念，也很难融入当今主流概念大众体系中，很难为广大英语教师所理解。该模式的建立以英文概念为基础，由于在英文文献中存在着 Approach、Method、Methodology 等概念的混乱，而且这些概念的形成都是来源于以英语为第二语言教学的理论和实践，以此为基础的中文概念体系难免有先天不足的缺陷。

二、常用的英语教学方法及应用

以上我们介绍了英语教学方法的基本内涵，接下来我们重点介绍英语教学中常用的一些教学方法及其应用。

（一）语法翻译法

1. 背景知识

在所有教学方法中语法翻译法拥有悠久的历史，但最具有争议，英语语言教学史记载，中世纪末时现代语言教学开始流传。教学法是随着语言教学的存在而存在，两者共存共生。那时的社会历史背景和人们学习外语的目的对语法翻译法的产生发挥了极大的作用。18~19世纪，在欧洲已经有少部分的学校将现代外语课程纳入学生课程。只不过当时人们学习外语是为了可以阅读希腊文、拉丁文的一些相关书籍。欧洲人想借助两种语言进行沟通以便用两种外语著书立说。欧洲人学习语言的主要目的就成了阅读和翻译，且采用语法翻译法学习希腊文和拉丁文的效果十分明显，就这样语法翻译法得以产生和发展。

另外，语法翻译法的产生与人们对语言的研究和认识也有着紧密的联系。18~19世纪的语言研究为语法翻译教学法提供了理论依据。主要包含以下三个方面：

一是18世纪，学者对词类及词类的划分进行了研究，这也就为语法翻译教学法的形成和发展奠定了基础。语言学家简单地将语言当作词类的划分，他们觉得掌握了词汇也就掌握了所学语言。最先确定语法范畴的是斯多葛学派，比如时态、非限定动词等。在这之后，亚历山大里亚学派在词的基础上又确定了8大词类，包括形容词、代词、动词、名词、副词、介词、连词和冠词。

二是在18~19世纪的语言学家看来，语言学习者只要能够依照语法规则将词汇黏合在一起就可以表达思想，因此，他们认为语法是一种黏合剂。在此基础上，通过对语言规律的研究和分类，他们逐步建立了"希腊—拉丁语法体系"（Greek-Latin Grammar System），并在这一体系中确定了主语、谓语、表语、定语、状语等。

三是18~19世纪的语言学家认为，书面语是语言的精华所在，并将书面语看作是不变的经典。所以，他们认为书面语应该是学习者学习的重点。

2. 主要特点

语法翻译法的特点十分鲜明，概括起来有以下几点：

（1）注重语法教学

重视语法教学是语法翻译法最突出的特点。在语法翻译法中，语法被当作语言的核心，被认为是外语学习的主要内容，语法教学也被看作教学的中心任务。更甚者，教学所用的教材也是按照语法体系的内在结构循序渐进地编排，对语法有详细、系统的描写，不论是分析、讲解、举例，还是翻译，甚至阅读，各种教学活动均以掌握本课的语法项目为直接目标，教学效果的评价也以掌握语法的程度为准绳。由此不难看出，语法在语法翻译法中的重要地位。

（2）翻译是主要的活动形式

语法翻译法的特点还表现在以翻译为主要教学活动。在翻译法教学中，教师主要用本族语组织教学，进行讲解。学生的学习活动除了背记、阅读外，主要是通过本族语和外语之间的互译来使用、巩固所学的规则和词汇，并且教材中的每个语法项目都配有相关的翻译练习。

（3）重书面语，轻口语

因当时社会发展需求，语法翻译法将口语和书面语分离开来，把阅读能力的培养当作首要的或唯一的目标。而口语教学仅限于使学生掌握单词的发音。因此，语法翻译法就呈现出重书面语、轻口语的特点。但同时，语法翻译法将口语与书面语相分离，也有助于教学的有效开展。

（4）句子为教学和练习的基本单位

为了使英语学习顺利进行，语法翻译法的倡导者用句子取代了希腊语、拉丁语教学法中艰深的语段材料，这就使得句子成了语法翻译法教学和练习的基本单位。

3. 实际应用

一般情况下，语法翻译法的课堂教学活动主要是译述整篇文章的大意，将课文逐句从外语翻译成母语，对课文的语法规则进行演绎式的讲解，并直接阅读课文以加深对课文的理解。

例如，我们在语法翻译法的课堂上听课，教师正在教授《最后一课》(*The Last Lesson*)，课堂的活动很可能会做如下设计：

首先，教师会运用母语简要介绍一下文章的写作背景以及作者的相关情况，接着叙述文章的基本大意，以确保学生对文章的整体有一个初步的了解。

其次，教师会逐句地翻译文章。通常，在翻译之前，教师会带领学生阅读单词表里的单词，以使学生对单词的发音和意义有所理解。在逐句翻译时，教师会先朗读句子，然后用母语解释词、短语和句子的意义。针对语法方面的问题，教师会对语法现象、语法规则和语法的具体用法进行详细阐述，并举例说明。

在整体教学活动中，逐句翻译和语法讲解占了绝大部分时间，它们是语法翻译法的中心活动。教师在教授"I was very late that morning on my way to school and was afraid of being scolded.The master had told us he would question us on verbs, and I did not know a thing about them, for I had not studied my lesson"中的第一句时，为更好地使学生掌握该短语的用法，教师会举例"He is now on his way to Shanghai"是"他现在正在赴上海途中"的意思。教师还会让学生翻译一些句子，如"上学路途中我碰见王强"。

在教授第一句的下半句时，教师会对"of being scolded"进行较为详细的解释，同时也会对动名词被动式的构成法——"being+过去分词"进行说明，通过边翻译、边用演绎法解释语法项目的方法，完成全篇课文的讲解。在这一过程中，母语是所使用的主要语言。

另外，在上述讲解的基础上，教师还会让学生直接阅读课文，并做一些阅读理解的练习，以巩固所学知识。阅读理解的练习大多是以选择题的形式出现。到这里，基本上一堂课的教学就结束了。教师还可以根据具体情况给学生布置一些笔头的翻译练习。

4.优缺点

（1）优点

语法翻译法有着悠久的历史，其优点也十分显著。在师资水平较低、教学设备较差、班级人数多、教师工作量大的教学环境中，语法翻译法十分受欢迎。以下是其优点：

一是在外语教学里创建了翻译的教学形式。

二是重视对书面语的分析，注重对原文的学习，让学生深入理解目的语并巩固掌握。

三是重视词汇和语法知识的系统传授，巩固学生的语言知识，更加便于打好语言基础。

四是有助于学生将目的语的结构内化，进而增强学生英语表达的能力。

五是易于管理，便于测试学生。

（2）缺点

不可否认，语法翻译教学法是在古典语言学研究以及对语言传统认识的基础上形成的，因此，它有一定的局限性以及自身的缺陷。归纳起来表现为以下几点：

一是过分强调翻译，主张单纯通过翻译手段教外语。这样容易养成学生在使用外语时依靠翻译的习惯，不利于培养学生用外语进行交际的能力。

二是忽视了语音和语调的教学，学生的口语能力得不到培养。

三是过于重视语法规则，这在一定程度上束缚了学生的口语交流意识，妨碍了学生口语能力的提高和发展。

四是过于强调教师的主导作用和语言讲解作用，而忽视了学生的主体性，不利于学生语言习惯的形成和语言能力的培养。

五是教学方式单一，强调死记硬背，课堂教学气氛沉闷，不易引起学生的兴趣。

六是忽视了语言教学中的文化因素、语言运用的内在因素以及语言在不同情境中使用的客观规律。

虽然语法翻译法有着很多的缺点，但因该方法便利易行，所以在现在的英语课堂上仍被广泛使用。

（二）情境教学法

1.情境教学法的定义

情境教学法（Situational Approach）指的是教师基于课程中的内容，通过实物、电教设备和学生的具体心理等，让学生在情境中通过交际学习在复杂多变的因素中能够拥有自己的判断，并能够机智灵活地进行应对。其重点就是可以激发学生的情感，在课堂上，教师能够有目的地引入或建造以形象为主体的，拥有特定情绪色彩的想象而又具体的场景，可以勾起学生的态度体验，从而帮助学生更加充分地理解教材，让学生的心理机能得以发展的教学方法。

情境教学法的基本步骤分为：提出情境，学习语言；听说领先，反复操练；书面练习，巩固结构。在全部的教学中，教师不仅仅是语言楷模，同时，也是组织活动的一个设计者、指挥官。作为语言楷模，教师就应该精准地以地道的英语去对情境环境进行设计，学生总是将教师作为自己学习的榜样并相应地加以模仿。作为课堂活动的设计者和指挥官，教师在课堂组织活动中起到组织者和控制者的角色，善于观察并发现学习的错误，在接下来的课程设计中充分思考该怎么样去传授知识以便让学生改正错误。

在情境教学方法的英语教学过程中，教师应该以英语去组织教学、诠释某些语言内容或者布置作业。如果遇到十分难理解和解释的语言词汇或内容时，虽然允许教师通过汉语解释，但是不提倡。

2.情境教学法的原则

（1）学生自主性原则

学生自主性原则主要表现在两个方面：一个是师生之间良好的关系，另一个是在教学中学生占据的主体地位。师生之间良好的关系是情境教学的基础。教学指的就是在特定情境里的人际交往，情境教学作为其中一个分支更是如此。教师和学生能够相互尊重，相互信任，教师在实际教学中真的做到"晓之以理，动之以情"，上文中论述的两个信息回路才会有顺畅的可能性。这也说明教师和学生之间务必相互了解，两者之间达成默契。在教学过程中学生的主体地位也就从侧面表明了，教师更应该鼓励学生进行自主思考和独立进行自我评价，从而培养学生自主创新能力和主动学习、探索的精神。教师在情境课堂中以学生的实际情况作为出发点，让学生不仅顺利完成自己的学业，也学会了如何做人。需要注意，所有的教学活动均应该注重学生的积极性、主动性和学生的快乐。

（2）轻松体验性原则

在情境教学法中，教师要设法在轻松愉快的学习情境或氛围中引导学生产生各种问题意识，并展开自己的思维和想象去寻求答案，分辨正误。这一原则强调，学生思维的"过程"与"结果"同样重要，目的是让学生觉得思考和发现问题是一种快乐，而不是一种强迫或负担。

（3）意识与无意识统一、智力与非智力统一原则

实现情境教学法的两个基本条件是意识与无意识统一、智力与非智力统一。人在学习做事的过程中，一方面需要集中思维，培养刻苦和钻研精神，另一方面要充分调动兴趣、愿望、动机等无意识的潜能，因为它们对智力活动具有重要的促进作用。具体到教学过程中，教师要将学生视作理智与情感同时活动的个体，不要一味地告诉他们要努力要刻苦，而是要想方设法地去调动学生身心各方面的潜

能。也就是说，教学要保持一种精神的集中与轻松并存的状态。学生在学习中松弛有度，自然会取得更好的学习效果，而这也正是情境教学法所追求的理想效果。

3.情境教学法的应用

（1）情境的设计

语言学习和情境相关联。通过现实情境，学习者可以将自己最开始的认知结构中的相关经验与知识同现在新学到的知识进行关联，并能够把新知识进行吸收整合融入自我已经拥有的认知结构。所以说，具体到英文教学上，教师应该努力设计出学生主动参与到学习过程的情境，并力求真实，在情境设计的过程中往往与下面几个方面有联系：

①相关的范例

不管是理解一个问题还是解决一个问题，学生均应具备一定的经验，在学习过程中搭建与学习内容有关的心理模型。所以说，教学者理应在教学过程中给学生提供许多具有参考价值的例子，对学生的认知结构加以补充，能够为学生现在学习过程提供一定程度的帮助。值得注意的是，在范例中应该包含解决问题的各种观点、各种思路和各种视角，防止学生死板学习。

②学习任务的呈现

当教师给学生下达任务的过程中，应该一起把任务中问题发生的社会文化背景进行表达。提供的问题应该具有一定趣味性以及吸引力，这样学生更能积极主动地去参加，同时，提供问题的时候要留有丰富的空间方便学生进行操作，让他们也能够去操控部分内容并独立做出决策。

③学生的自主学习设计

建构主义指导下的情境教学法中提到，学生一定要主动建构知识的意义，哪部分是促进学生主动构建知识意义的学习环境中的重要一环？那就是自主学习设计。因为在学习过程中，学生才是主体，对所学习到的知识实现意义建构的内因就是自主学习，促进学生主动构建知识意义的外因则是恰当的情境。外因是以内因起作用，学生通过在适当的情境下进行自主探索和研究，在自主学习活动中去完成知识意义的建构过程。由上面的论述中可以看出，自主学习设计在情境设计的地位是十分重要的，也是不可缺少的。

④教师的指导

建构主义倡导以学生为中心，认为他们是知识意义的主动建构者，是信息加工的主体。同时，教师是整个教学过程的组织者、指导者和协调者，对学生的意义构建起促进作用，因为以学生为中心的教学设计的每一个环节都离不开教师的有效启发、认真组织和精心指导。所以，在设计促进学生主动建构知识意义的情境时，不可忽视教师的指导作用。如果忽视了教师的指导作用，学习活动就会成为没有目标的盲目探索。

⑤信息资源

在进行情境设计时，必须确定学生所需要信息的数量和种类，以建构问题模型和提出问题解决的假设。可以提供的信息资源包括可供学生选择的并随时可得的与问题解决有关的各种信息和知识，如文本、图形、图片、声音、视频、动画等，以及通过网络获取的各种有关资源。

⑥认知工具

认知工具是指支持和扩充学生思维过程的心智模式和设备，通常是可视化的智能信息处理软件，如专家系统、知识库等。由于学生受已经掌握知识和感官输入信息能力的局限，因此对认知资源的获得也受到限制。而认知工具能够提供组织或呈现各种信息的机制，学生借此可以进行信息与资源的获取、分析、编辑，并以此表达自己的思想。

（2）意义的构建

意义的建构同情境的设计是相成相生。假如在课堂环境中没有生动、丰富的真实情境，学生在课堂上不能有效激发联想，也就不能够将记忆中相关的某些内容提取出来，导致很难构建语言输入的意义。情景教学法中意义建构的方法和步骤包含下面几个内容：

①教学目标的分析

学习过程当中，学习者在进行独自探索，或是有教师进行指导时，万变不离其宗，其中心都应该对新知识进行意义建构。又因为，不同阶段、不同课程的学习内容均由不一样的知识点组成，其知识点的重要性和特点也都是不同的。那么在完成意义建构的时候,应该首先针对学习内容有相应的教学目标分析,然后基于此确定目前学习知识的基本内容。

②教学结构的设计

教学活动过程中的控制和优化,即教师与学生之间和学生与学生之间相互作用而形成的动态过程设计就是教学结构设计。总的来说,教师应该在建构主义的学习理论和教学理论的指导下,运用系统观点和动态观点审视和反思教学中的各个环节、各个环节的作用和相互关系,从而形成一个动态的、稳定的教学结构进程。

③信息技术辅助作用的设计

随着信息技术在教育教学领域的普及应用,学生的学习资源也越来越丰富。因此,在意义建构过程中,不应忽视信息技术的辅助作用设计。它是指,应确定一定情境下的学习主题所需要信息资源的种类及每种信息资源在学习该主题过程中所起的作用。在这个过程中,如果学生在获取相关信息的出处、手段、方法以及如何有效利用这些资源等方面有困难,教师应及时提供帮助。

④自主学习策略的设计

情境的设计离不开自主学习设计,同样,意义的建构也离不开自主学习策略的设计,它是完成意义建构的基础。自主学习策略设计的目的是帮助学生学会学习,即帮助学生能够根据学习目的和要求独立地选择有效的学习方式。在自主学习策略设计中,元认知策略设计非常重要。元认知策略是学生在学习过程中所采用的学习策略,包括对学习过程中所运用的心理过程的选择、学习时对学习的监控和学习后对学习的评估等。元认知策略是训练设计包括计划、自我管理、自我监控、自我评估、资源利用和需求分析等方面的内容。

⑤协作式学习活动的设计

协作式学习活动设计的主要目标就是为学生提供对于同样的一个问题采用许多种办法或者观点去观察、比较、归纳、综合的机会,从而巩固学习到的知识,准确合理地运用,加深此问题或此类问题的理解程度。开展协作式学习活动不仅能够充分发挥教师的主导作用,也能够增强学生探索的主动性,以及增强学生与学生的合作理念。

（3）情境教学中的评价

情境教学中的评价包含以下几个方面：

①对学生所取得进步的评价

建构主义理论中指出学习过程从本质上讲就是知识建构过程，教师理应充分地重视动态、发展的学习过程，和学生们在学习过程中获得的进步评价，评价是非常重要的环节，不是单独的检测手法，而是课堂教学中的一部分。

②学生参与学习过程及效果的评价

学生能不能靠自觉性去参加到学习过程当中、能不能进行有效评价是十分值得人们关注的问题。此评价应该将学生的学习课堂作为中心，课堂表现的考查方式主要是：在课堂听讲中有没有集中了注意力、有没有积极主动地参与到组织活动、有没有认真细心地听老师说话等。如果以评价的目标和内容作为划分准则，课堂评价活动包括学生掌握知识与技能的评价、兴趣与自我意识评价、学习态度等。

③基于真实语境的评价

基于真实语境的评价主要是指评价的背景应当像教学背景一样真实而丰富。学习是学生在一定的情境中利用已有的知识经验赋予当前学习到的新知识以某种意义的过程。因而，情境教学中的评价应在基于某种有意义的背景下，围绕真实的情境来评估和讨论学习结果。

④评价主体与评价方式的多元化

由于学生大多是基于自身的知识经验来构建对事物的理解，不同学生对同一知识点的理解也不尽相同。因此，对学生学习过程和学习结果的评价也应采取多种方式。就评价主体而言，评价人员既可以是教师，也可以是专家，还可以是学生自身。就评价方式而言，可将传统的标准参照评价法与现代的学习文件夹评价法相结合。标准参照评价法是指根据课堂教学目标制定评价标准，对比学生的学习结果，并从中找出优势与不足。而学习文件夹评价法是指借助由教师和学生搜集的、反映学生学习过程和学习进步的各类学习成果进行评价，它主要用于学生对学习的回顾、自我评价及其他形式的外部评价。

⑤评价信息的及时反馈

情境教学法既重视对学习过程的评价，也重视对评价结果的及时反馈，因为它有助于帮助学生了解评价所带来的正面效果。具体来说，在对学生进行评价的每个阶段，教师首先要对获取的信息加以分析、整理和阐释，其次针对学生的个性特点以适当的形式及时将全部或部分信息反馈给学生。借助这些反馈信息，学生可以及时了解自己的不足，并在教师的帮助下不断修正自己的学习策略。

（三）交际型教学法

1. 交际型教学法概述

20世纪70年代初期，交际型教学法诞生，在这个时期，以英语为交际工具开展教学，已成为国外语言中深受欢迎的教学方法。它主张以学生为主体，通过教师引导，使学习者能运用所学知识解决实际问题并提高自己的交际能力。可以这样认为：交际型教学法之所以能够出现，离不开当时社会历史背景。它不仅顺应了时代对英语教学提出的要求，而且迎合了人们对提高外语学习效率和能力的渴望。西方发达国家在20世纪60年代经济飞速发展，政府之间、民间之间各领域的互动也愈加频繁。这种情况下，国际上出现了大量的人员交流活动，其中包括贸易和技术合作等。以西欧为例，除该区域内民众经常来往外，部分发展中国家劳动力开始拥入欧洲共同市场国家。但是，人与人之间的种种联系，自然会遇到语言不通之阻。有的人虽然学过几门外语，仍然不能正常地进行交际活动，这必然给他们的生活与工作带来不利。随着社会经济发展对人才素质要求的提高，外语教学面临着严峻挑战，特别是对于英语这样一门具有国际性特征的学科来说更是如此。在此背景下，迫切需要新型语言教学方式的诞生，以解传统教学模式之急。

20世纪70年代中期以来，从事教育语言学、语言教学法等方面的全部实践工作、理论与研究等主要课题，全部归结于"交际能力"的基本理念上。这一"交际能力"和语言学家乔姆斯基所提出的"语言能力"是相对的。更有人开始认同用社会眼光看待语言，因此，社会需求与"交际能力"的概念结合在了一起，就形成"交际语言教学"的观念。交际语言教学是指教师根据学生不同年龄特点及认知水平等因素对他们进行有目的、有计划的引导，使其学会如何使用各种有效方法以达到学习目标的过程。交际教学法之后传入中国，并且被广泛应用。

交际教学法建立在社会语言学和心理语言学的理论基础之上，把交际功能作为纲要，旨在培养人们的交际能力。其基本思想就是将语言教学与实际应用紧密结合起来，注重对英语综合技能的训练，使学生能够通过各种活动提高自身的语用水平和跨文化交际能力。交际教学法的目标是发展学习者语言交际能力，重视交际过程，如适当运用语言、用于各种场合等，用语言完成各种任务，如解决困难、获取信息、人际交往等。交际型的教学模式下，师生的目光应集中在如何运用语言这一媒介达到交际目的上，最终完成交际任务，而非仅着眼于所描述句子结构的正确度上。概括地说，交际型教学法是一种集语言结构和功能于一体的教学方法，要求教师既训练学生的听说读写能力，同时，教给学生在英语交际中要灵活运用这些语言技能的方法。

2. 交际型教学法的原则

（1）以学生为主体原则

交际型教学法强调交际，强调对学生交际能力的培养，学生必然是课堂的中心和主体，教师要鼓励学生主动积极地参与各种课堂活动与实践活动。在这里，教师主要有两个方面的职责：一是教师要为学生创造一种轻松和谐的课堂氛围，让学生将课堂变成没有压力的语言实践场所；二是教师要有意识地调动学生的主观能动性，从预习到课堂实践、课后复习，每个环节都应该让学生自己去思考、发现问题并自己动手去解决。

此外，以学生为中心，不仅体现在教师与学生角色的变化上，还体现在教材内容的选择上。这对英语教师来说是一个挑战，他们必须充分了解学生的不同学习需求与学习动机，根据学生的不同需要来选择具有针对性的教材。必要的时候教师还可以自己选择或推荐一些教学材料给学生。

（2）以意义为中心原则

在交际型教学法中，尤其要强调以意义为中心，这是因为无论是用母语还是用英语与他人交流，人们首先关注的是意义的传达，而不是追究语法有没有错误。从这点来看，交际型教学法与传统的教学模式存在明显的区别。一般来说，教师在课堂上比较重视结构主义的教学方法，即将句子的词汇、语法、结构等作为重点来授课。

事实上，这正是很多学生学了多年英语却在真正的交际场所中不知所措的原因。在课堂上，学生基本上是为了学英语而学英语，他们说出的英语句子不是为了真正的交际目的，而只是为了证明他们对于语言形式的掌握。也就是说，学生在课堂上学习的是语言形式的用法而不是语言的真正运用。

在交际型教学法中，教师要摒弃挑学生语法错误的做法，应当高度容忍学生所犯的错误。教师应该明白，任何学习包括语言的学习，都是在不断犯错中逐步进行并往好的方向发展的，如果学生能顺利地表达出自己的观点，教师就没必要纠正他们，只需帮助他们自己发现并纠正错误即可。需要指出的是，应以意义为中心强调语言与当时情境的融合。任何对话都是发生在一定的时间、空间之中的，有些信息只有交际的双方才能心领神会。当然，我们重视语言的意义绝不是说完全忽视语言的形式，毕竟语言形式作为语言的基础知识是学生必须正确掌握的。我们只是强调在交际型教学法的前提下，有意识地培养学生灵活运用语言、重视语言意义的意识。只有这样，学生才能做语言的主宰与支配者，而非语言的奴隶。

（3）真实性原则

真实性主要指教学材料的性质或教学大纲具有什么样的本质，也就是说，教师上课一定要使用原文作品，不应使用经过人为加工的文字和语言。可以看出交际型教学法注重在（类似）的实际语言环境下学习与运用语言，从而有利于学生实际运用语言能力的提高。

在交际型教学法下，真实性有如下两层意思：

①注重教学内容真实性。

发展学生交际能力，要让教学内容尽量贴近生活。由于有些书面体语言，人们在实践中运用较少，甚至基本上就不会运用，基于这种教学内容进行外语教学，不利于学生语言交际能力发展。为了适应实际交际发展的需要，交际教学法创设出一种基于任务的语言活动，同时，还包括基于问题解决的语言活动与基于专题的语言活动。这些都有利于提高学习者学习英语的兴趣，促进他们积极投入到教学活动中来。让学生以"任务""问题""题目"为中心，有针对性地把握语言的功能，获得语言交际能力。

②强调教学环境的真实性和语言实践环节的模拟性。

利特尔伍德指出，交际法使我们更强烈地意识到只教会学生掌握外语的结构是不够的，学习者还必须掌握在真实的环境中将这些语言结构运用于交际功能中去的策略。在英语教学中，如何积极地创造语言交际环境，使学习者在交际活动中掌握使用语言的能力，则是体现交际性原则的一个重要方面。

交际型教学模式离不开交际活动，在活动过程中，教师和学生应共同创造真实的氛围，在教师指导或学生彼此交流中应使用真实语言，而不单纯是为了某个句型或语法的操练。

交际型教学法不仅要求学生使用真实语言，而且要求他们说出的话必须具有创造性和不可预测性，即语言的形式要多样，不能仅为了证明对语言知识的掌握而使用语言。此外，交际活动的角色必须真实，教师要鼓励学生融入自身所扮演的情境角色中，让他们对交际存有愿望和期待。

3.交际型教学法的应用

（1）设计交际活动

以交际型教学法为课堂情境，要设计出突出语言功能特征的交际活动。这些活动以学习者为中心，旨在帮助他们理解和掌握语言形式背后所隐藏的意义及语用规则，并通过与他人进行互动来达到一定的教学目标。活动促使学生最大限度地凭借已构建好的目标语知识体系进行有效交流，如问题的解决或者信息的交流。以功能交际为特点的活动有下列几种：

①描述活动

所谓描述活动，就是教师要求学生描述某一特定的事或物的活动，旨在督促学生学习怎样用段落的方式来使用、理解目标语。如老师可让学生叙述他们生活的城市、所处校园、亲历趣事等。通过这些内容来培养他们的口语表达能力。描述活动还可以帮助锻炼学生逻辑思维和组织能力，这样才有利于学生的交际。

②猜词活动

在培养交际能力的过程中，学生一定要先抓住句子本身，学会灵活应用，因为掌握并使用句子是发展学生交际能力的开始。为了让学生能够熟练地掌握语言形式，我们可以在课堂上让学生进行一些猜词游戏，让学生有机会口头运用英语。具体操作步骤如下，老师先让某一个同学站在黑板上面对全班同学。这时有一名学生在黑板上写下一个单词，这个单词最好是刚学会的，并且大家都熟悉的。然后全班同学用英语讲解单词的意义，并且让站在黑板前的同学说出单词的拼法及其含义。由此可见，猜词活动或者相似任务活动都是培养学生口语行之有效的方法。

③简短对话活动

交际能力发展在很大程度上取决于学习者进行简短对话、互通情感的能力，如对各种话题——天气、交通状况、赛事、度假等的讨论。这些简短对话表面上看似毫无意义，但它们对创造社交氛围起着不可忽视的作用。

（2）评价交际能力

在设计完成交际活动并由学生进行实践之后，便涉及对学生交际能力的评价。教师所设计的交际活动兼具功能特征与社会特征，相应地，对学生交际能力的评价也涉及功能因素与社会因素两个方面。当然，对功能与社会两种因素的评价不是截然分开的，而是统一地融入对学生总体交际能力的评价中。

①对运用目标语得体性的评价

首先，交际话题的选择决定了目标语文化背景知识所确定的得体性。在一种文化中被视为个人隐私的话题，在另外一种文化中可能被认为是可以公开讨论的话题。例如，在中国人看来常见的一些话题却是不被外国人所接受的。如果一个中国人问一个外国人"Are you married?""How old are you?""Where are you going?"等，就会被视为违反了英美文化中的言语行为准则。

其次，对目标语的使用是否恰当主要与交际者之间的关系以及当时所发生交际的语境有关。例如，"What's your name"的表达形式虽然没有错误，但不能用于打电话时询问对方的身份，而要采用"May I know who is calling"的表达方式才算得体。

②对文化背景知识掌握的评价

在发展学生交际能力方面，目标语文化背景知识是必然离不开的。因为，目标语文化背景知识有利于学生把握语言运用是否得体。不同民族之间由于生活环境和风俗习惯的差异而产生了各种各样的语用习惯、表达方式等方面的差别，一个语言的表达方式恰当与否由本族语者共同的社会和文化习俗决定。学生在交际过程中应注意学习并掌握目标语的文化规则。

教师对学生文化背景知识掌握情况进行考察与考核，要向学生展示文化误解的交际场景。这些文化误解会使本族语者感到消极，而且教师需要要求学生对问题的所在进行判断和指出，并且进行改正。通过这一方法，学生可以加深对于所学语言国家或地区社会生活的理解。教师可通过观察和评判学生对于这一文化规则是否把握，要适时地给学生传输启发性的知识，指导学生在目标语文化语境中理解并掌握社会交际知识和技能。通过这种方法，教师可以引导学生有效避免跨文化交际失误现象的发生。同时，教师也可将目标语和母语文化进行对比，这不仅巩固了学生母语文化，还有助于目标语文化和母语文化形成良性平衡状态，有助于同学们今后更好地交流。

③对约定俗成习俗掌握的评价

任何一种语言都包含大量约定俗成的语言形式和用法。如果学生对此缺乏了解，所输出的语言即使合乎语法规则，但与约定俗成的用法相悖，那么在交际过程中也会遇到表达上的困难和尴尬。例如，在告知时间时，可以说"It's twenty to three"或"It's two forty"，而不能用"It's three minus twenty"或"It's ten after two thirty"等形式。又如，在问候别人时，英语中常用"How are you?"而不用"Are you well?"或"Are you in good health?"等表达方式。此外，在英语礼仪交往中，必须使用一些约定俗成的短语，例如，在请客人先于自己进入房间时要说"After you!"；在偶遇一位多日不见的熟人时要说"How nice to see you!"等。以上主要是句型和语法结构上的约定俗成，其实就词汇而言，英语中也存在一些约定俗成的表达方式。例如，某些约定俗成的形式仅用于某些特殊场合，像"Check please"这一固定表达方式仅在饭店结账时使用。

在英语教学中，这三个方面的评价是相互联系、缺一不可的。只有对这三个方面都有所掌握，才能有助于培养学生的文化得体意识，这恰恰是交际能力的重要组成部分。

三、英语教学法的发展

(一) 英语教学法的发展趋势

以上所介绍的教学方法有很多,而实际运用于教学中的教学方法,远不只这些,就算我们找遍了各种教学方法,仍然无法解决全部语言教学问题,不可能建构出万能语言教学方法。因为在当今这个信息时代里,任何一种新的理论和学说都必须以其现实的社会背景为基础,并随着它自身的发展不断地更新自己的内容和形式。因此,西方一些学者提出了"与方法概念的断裂""后方法时代"的思想和理念。我国英语教学理论界亦有主张紧跟这一看法的,不要"对教学法仍如此执着",并开展超越教学法的研究,认为不进行这种研究就会落后于他人。研究英语教学法看来已落伍了,教学法发展到今天,似乎已经到了一个极限,一个终点。

但现实和上面的观点正相反,我们认为,教学方法研究已经开始进入一个崭新的历史时期,以期找到适合新时期教学的方法,西方学者开始不断扩展研究的新领域,对其探索进行了不同视角、不同层次的拓展。与以往英语教学研究不同,20世纪80年代后,人们对英语教学的研究开始由宏观向微观发展,由一元到多元,由单层到复层扩散。如20世纪六七十年代出现的认知法,这一观点在20世纪八九十年代才得到进一步的发展。还有被许多学者所提倡的任务法,已经逐步发展成为在全球范围内产生影响力的新型教学模式。与此同时,我国英语教育界对于外语教学理论与实践方面的探讨从未停止过。我国除全日制义务教育及普通高级中学的英语课程标准曾提倡任务型英语教学外,目前,中国英语教学理论界对此也做出了积极回应,研究出现了很多成果。可以说,人们并没有结束探索教学法,结束的仅仅是一些探究教学方法的方法,而不是教学方法的探究本身。

从上述方法,我们隐约可以看见一条从传统的古典人文主义到科学主义再到现代人文主义复归的轨迹。

其中,古典人文主义的代表是语法翻译法。该教学方法的教学目的是人文教育,培养人的素质,提高人的智力。19世纪下半叶,斯威特(Sweet)等欧洲的应用语言学家和语言教育专家的理论推出、语音学的崛起、国际语音学会的成立和国际音标的制定等，开始以科学的名义催生了直接法；行为主义心理学与结构主义语言学的结合使得听说法问世；认知法反映的则是以乔姆斯基为代表的认知心理学和转换生成语法；而交际法的后面则是社会语言学、语用学等新一代边缘语言学的理论。这些方法的科学理论指向的或者是语言学习的客体，或者与该客体密切相关，代表着人们在探索外语教学的过程中走过的以客体为中心的科学主义道路。任务法作为交际法的一种演变形式，可算是这种开发的成果之一。

从此，沉默法、暗示法、社团法、自然法和整体法等，大多把眼光投向学习者自身，投向了学习过程、学习条件、学习环境、学习情感、学习策略等，启动了以学习主体为主线的人文主义回归。这些研究不仅从理论上揭示了人文主义者在外语教育中的地位和作用，而且对于我国当前外语界关于人文素质教育问题的讨论有一定参考价值。也是这一关注学习主体的现代人文主义思潮，使各位学者主动地从多个角度研究外语教学。

社会是发展的，历史是演进的，探索新教学方法也永无止境。

（二）英语教学方法的选择

古今中外，英语教学方法都有很多累积。在教学改革不断深化的今天，又将会出现很多新颖、高效的教学方法。如何根据教学内容及学生水平选用适当的教学方法，使之符合教学目的要求，并取得最佳效果呢？在实际的英语教学过程中，教师是否能恰当地选用教学方法，关系到教学质量的高低。教师根据一定科学依据进行，考虑到教学中的各种相关要素，选择合适的教学方法，并且能够进行合理的搭配，才能实现教学效果的最优化；相反，没有选择性地运用教学方法，或者错误地选择教学方法，均对教学活动产生负面影响。

要做到选择最优的教学方法，必须把握以下三条基本原则：

1. 总体把握原则

总体把握原则是指在选择教学方法时，要从教学内容出发，总体把握教学的目的和任务，教学内容的性质和特点，每节课的重点、难点和关键。

2. 师生共明原则

师生共明原则是指在选择教学方法时，既要把握教学对象的可接受性，又要把握教师自身对各种教学方法驾驭的可能性，力求使师生双方的可接受性、利用的可能性与教学方法的高效果达到完美的结合，统一在最佳结合点上。

3."双效"统一原则

"双效"统一原则是指在选择教学方法时，一要考虑能否取得最佳效果，二要考虑能否取得最高效率，力求使效果与效率达到完善的统一。

教学方法的选择，必须追求方法与效果的统一。有的教学方法虽然很好，但教师用未必能取得最佳效果。教师在选择教学方法时，要充分估计运用这种方法所取得的效能、效益和结果。教学方法与教学效果统一了，说明选择的教学方法是行之有效的，否则是不切实际的。教学方法多种多样，而使用时又往往是以一两种为主，这就要求教师在选用教学方法时，一定要选择能取得最佳效果的方法，使方法与效果二者高度统一。

但是，仅看教学效果是不够的，教学效果仅仅是评价选用教法好坏的一个重要方面。在看教学效果的同时，还要看教学效率。有时，虽然教学效果不错，但它是以教师和学生双方花费了很多时间和精力以及较高的物质消耗为代价的，从教学效率上看是不高的。好的教学方法，教学效率也应高，即做到投入较少的时间、精力、物力、人力，而获得较好的教学效果和较高的教学效率。"双效"达到了统一，也就做到了教学方法的最优化选择。

除以上三条基本原则之外，教学方法的选择，还要考虑学校的教学条件。相同的教学内容、相同的教学对象，由于各学校的具体环境和设备条件的不同，教学方法的选择也要有所区别。

第二章　英语听力教学概述

本章简要讲述英语听力教学的相关内容，从三个方面展开叙述，这三个方面分别是英语听力教学的原则、英语听力教学的内容与目标以及英语听力教学的问题。

第一节　英语听力教学的原则

一、坚持创设英语语言环境

目前，在我国的英语课堂上，特别是在边远的中小型城市，部分教师不能接受或不能完全接受在目标语环境下教授目标语的教学理念，仍然使用汉语教授英语。但是，我们必须认识到，教师使用英语教授英语，创设英语语言环境是搞好英语教学，特别是培养学生英语听力理解能力的必要条件。

（一）听觉输入是必要条件

像学习游泳必须进到水中一样，培养学生的英语听力理解能力，必须使学生置身于英语语言环境之中。克拉申和泰勒提出，语言学习是一个像生活在目标语环境中那样"顺便捡起语言"的过程，"接近目标语说话者是学习听力的基本条件"。[1]

婴儿从出生到开始说话需要经历较长一段时间的语言沉默期。在此期间，虽然他们沉浸在由父母以及身边其他人为他们提供的自然语言环境中，却一直保持沉默，直到一岁左右才开始说话。在沉默期内，儿童得到许多语言输入，而且他们在听的同时，伴随着许多身体反应，如伸手够东西、抓东西、移动身体、观察等。

虽然二语或外语学习与母语习得之间存在巨大差异，但是二者之间也有共同之处。亚瑟（Asher）[2]基于对儿童习得母语的沉默期的理解，提出了学习另一种语言也需要有沉默期的观点，即在二语或外语学习中，学习者应该首先进行大量听力练习，其次才能进行口语练习。这段沉默期可以保证学习者专注于听力练习而不必承受在未准备好的情况下被迫开口的焦虑。他提出的"纯身体反应"教学法是在沉默期内为学生提供语言输入的教学方法。

---

[1] S.D.Krashen&T.D.Terrell.The natural approach：language acquisition in the classroom[M].New York：Pergamon Press，1983.

[2] ASHER J J.Learning another language through actions：the completete teacher's guide book[M]. Los Gatos，CA：Sky Oaks Productions，1977.

克拉申和泰勒也认为二语习得需要一个沉默期。克拉申曾讲述了一个四岁日本女孩小瞳的故事[①]。小瞳刚到美国时一点都不会说英语，她和她的父母住在离克拉申家不远的楼里。在她刚到美国的前几个月里，克拉申试图让她开口说英语。他对小瞳说，"Hitomi, say 'hi'"，但是小瞳没有任何反应。他试着不断跟她说"ball"这个单词，甚至说："I won't give you the ball till you say ball."结果小瞳都是以沉默回应。小瞳前后沉默了五个月左右。这里说"左右"是因为在这期间，在特定的场景中，她也说一些作为整体而习得的固定语块，如"Leave me alone"，但是她却不具备自己生成语言的能力。

那么，在这前期的五个月期间发生了什么？克拉申认为小瞳在听。在小瞳开始说话前，她需要有一段听的时间，听到一定数量的语言输入是她生成语言、开口说话的必要条件。沉默期的存在意味着从习得者开始接触语言输入到他们生成语言之间可能需要一段很长的时间。

克拉申以儿童习得二语也需要经过沉默期的事实为依据，提出了外语教学的自然法。自然法提倡外语学习者在初始阶段要经过沉默期，即在外语学习的初期，学习者不要急于开口说话，而是要保持沉默，直到有一天，像儿童习得母语那样，话语从口中自然而然地涌现出来。克拉申也提倡在沉默期阶段使用纯身体反应教学方法为学习者提供语言输入。

虽然外语学习是否像习得母语或二语一样，也需要同样的沉默期是一个需要进一步探讨的问题，但是，儿童习得母语或二语需要经历沉默期的事实说明，听觉输入是培养一个人听力理解能力的必要条件，并且听觉输入构成一个人整个听说能力的基础。

（二）创设课堂英语听力环境的可行性

外语教学的理论与实践已经证明，只有在目标语环境中才能有效地培养学生的听力理解能力。但是，有些教师在英语课上仍然使用中文授课，包括把单词、句子、课文译成中文，以及用中文讲解语法和课文等，因为他们对使用英语组织

[①] JOHNSON K.An introduction to foreign language learning and teaching[M]. 北京：外语教学与研究出版社，2002.

课堂教学存有顾虑，他们怕学生听不懂，或者认为说中文学生理解得更好、不耽误时间等。但是，事实证明，这些想法和做法不利于学生英语口语交际能力的培养。

儿童成功地习得母语是在自然环境中进行的，儿童自身的生理、心理特点也使儿童倾向于在自然环境中学习外语。舒曼在研究青春期前后语言习得问题时指出，儿童在语言习得过程中表现出认同他人的意愿和能力。[①] 这种意愿和能力是语言学习者习得语言整体能力的重要组成部分。在5～14岁，这种意愿和能力变得更加强烈。对于儿童语言学习者来说，语言学习需要更强的社会和情感方面的渗透力。

也就是说，在面对面的自然语言环境中，儿童语言学习者处在一种更开放、更灵活的状态，接受语言输入的速度更快、程度更高。

19世纪，法语教师索维尔L.Sauveur（1826—1907）教授以英语为母语的人学习法语，在这个课堂上，索维尔通过使用动作、表情、语音语调，完全使用目标语进行教学，成功地为学生提供了这些语言输入。学生们可能并不能够理解所有单词，但是肯定理解了他的所有意思。

索维尔教学所使用的自然法引起了法国上下的普遍关注。当地一位行政官员曾表示怀疑，于是亲临课堂，并当场给出话题"God"让索维尔在课堂上进行现场示范。在一个小时的课堂上，索维尔完全使用目标语组织教学，学生没有拒绝回答任何问题。该行政官员心悦诚服。

在中国外语教学环境中，尤其在初学外语教学阶段，学生还没有能力靠自己课下听外语、看视频等其他手段获得目标语输入。课堂几乎是学生可以得到外语输入的唯一场所，教师几乎是他们可以接近的第一个甚至是唯一一个目标语说话者。因此，在英语课堂教学中，教师应使用英语授课，创设英语语言环境，为学生提供学习英语听力的前提条件。

总之，在英语课堂听力教学中，教师要坚持使用英语进行教学，创设英语语言习得环境，为培养学生的英语听力理解能力创设前提条件。这是我国学生走出目前英语听力能力偏低困境的根本出路。

---

① SCHUMANN J H. Affective factor and the problem of age in second language acquisition[J]. Language learning, 1975, 25（2）: 209-235.

二、坚持教学内容相对开放

（一）听力课堂上的教学内容相对开放

1. 可理解性语言输入理论

听力理解能力的形成和发展是建立在一定数量的语言输入基础之上的。克拉申[①]在可理解性语言输入假设理论里指出，当学习者能够理解所输入的信息时，语言习得就会发生。然而，可理解性语言输入应该比学习者目前已有的语言能力高出一步，以便学习者可以继续其语言发展。克拉申将这个可理解性语言输入表示为 i+1。其中 i 表示学习者目前已有理解能力，1 表示高于学习者目前已有理解能力的输入。如果输入的信息被理解，并且输入量足够的话，处在 i+1 水平的语言规则就会自动显现。

可理解性语言输入理论给我们提供了两个重要启示：一是习得语言需要有足够量的语言输入，二是语言输入要适当高于现有语言水平。

2. 教学内容相对开放

在课堂教学中，教学内容相对开放是为学生提供可理解性输入的有效方法。

在目前英语课堂教学中，尤其是在低年级教学阶段，教师往往认为学生的语言水平有限，于是，过多地局限于使用的教材，甚至课堂用语的使用也控制在教材所学语言知识范围内，偶尔使用一些超过教材内容的语言时，也会把它们译成汉语，生怕学生听不懂。结果是这种中英文混杂的教学使学生难以得到目标语环境，同时也大大地减少了语言输入量。久而久之，教师感到这种中英文混合使用的教学既浪费时间，效果又不理想，于是便转向直接使用中文授课了。其结果是，在许多英语课堂教学中，汉语成为主要的语言，于是学生能够得到的目标语输入只有教材上所提供的极其有限的语言材料。

教学内容相对开放指的是，课堂教学内容不完全局限于教材或教学大纲所规定的范围，而是由教师自主选择一些与所规定的教学内容相关的语言材料用于课堂教学，以丰富教学内容，扩大学生的听力语言输入量和输入种类，在目标语环境中使学生获得大量的语言输入，提高听力理解能力。

---

① KRASHEN S D.The input hypothesis：issues and implications[M].London：Longman，1985.

下面我们用一个教学实例来说明课堂上如何实施教学内容相对开放的原则。

教材中出现了感叹句"What a beautiful dress"，在课堂上，有的教师只局限于教授这一个句子，即通过不同的方式让学生反复练习说这个句子，如教师拿着一件连衣裙让全班学生一起说、小组说、男生女生分开说、个别学生说等，而后拿着连衣裙的图片让学生说，之后又在视频中出现不同风格的连衣裙图片时让学生说……最后，当教师出示任何一件连衣裙时，学生就能立刻说出"What a beautiful dress"。但是，通过这种单调的反复训练，学生仅仅学会了机械地说这一个句子，而没有得到足够的语言输入，不能在不同的情境中使用这个句型。同时，这种反复训练一个句子的教学十分枯燥，不能激发学生的学习兴趣，也不能培养学生灵活运用语言的能力。

在教学内容相对开放的教学原则指导下，教师不仅要通过不同的方式让学生练习说这个句子，而且也要出示其他物品，如 hat、scarf、watch、necklace 等，最后再过渡到非物品，如 song、name、day 等，使学生进一步深入理解并拓展句型"What a beautiful..."。例如：

What a beautiful hat/scarf!

What a beautiful watch/necklace!

教学内容的相对开放，可以从多个角度激活不同学生头脑中已有的不同图式，使每个学生都积极地参与到教学中，使学生从多种语境中理解句型"What a..."。这样的教学扩大了语言输入量，激发了学生的学习兴趣，能够有效地提高学生的听力水平。

（二）教学内容相对开放的可行性

许多教师采用汉语讲授英语的教学方法，原因是担心"全英文上课学生听不懂"。那么，怎样理解学生可能听不懂的问题呢？

皮亚杰在其著作《儿童的语言与思维》中指出了儿童语言学习过程中的"混沌状态"现象。[1] 成人的认知方式具有社会化特征，他们在认识事物时，除借助被感知的对象所赋予的一般形式外，还要借助逻辑进行理性分析。所以，成人对

---

[1] 皮亚杰. 儿童的语言与思维 [M]. 傅统先, 译. 北京：文化教育出版社, 1980.

事物不仅有表象的整体认识，而且有深层的细节认识。儿童的认知方式则不同，他们是以自我为中心对事物进行感知和认识的。同时，儿童还不具备逻辑的、理性的分析能力，因此，他们对事物的感知只能停留在表象阶段，其感知是模糊的、肤浅的。

儿童融入目标语环境的方式证明儿童具有对语言的模糊忍耐力。许多中国小孩儿在随父母去英语国家之前根本不懂英语。但是，新环境中全方位的英语输入并没有使他们感到困惑不解。几个月之后，这些孩子便开始融入英语环境，以相当快的速度获得理解和生成英语的基本能力，并向着接近英语本族语儿童的语言水平发展。另外，儿童喜欢数十遍地重复听同一个故事，也是这种现象的一个有力的证明。显然，每个故事中都有儿童听不懂的许多话语，但是，儿童所拥有的对语言的模糊忍耐力使他们可以专心致志地听下去。在成人的帮助下，借助故事的图片和其他非语言因素，他们对故事的理解每次都会更进一步，最终使他们不断地加深对故事的意义的理解，从模糊、表象的理解逐渐向清晰、深层的理解发展。

英语语言环境是发展学生英语听力理解能力的前提条件，学生所具有的语言模糊忍耐力使课堂教学中的内容相对开放成为可能。因此，教师要深刻认识目标语环境对培养学生目标语听力理解能力的重要性。在课堂教学中，坚持使用英语授课，坚持教学内容相对开放的教学原则，为学生创设英语听力理解的语言环境，加大语言输入的数量和种类，丰富教学内容，以便有效地培养学生的英语听力理解能力和语言的综合运用能力。

三、坚持精听与泛听相结合

（一）自下而上与自上而下理解模式

1. 自下而上理解模式

自下而上理解模式认为，语言是一个线性单位。音位是区分意义的最小单位，音位组合构成音节和单词，单词组合起来构成语块，语块组合起来构成句子，句子组合起来构成语篇。听是一个用线性的方式解码语言输入的过程，即按照语言输入从小到大的顺序，从音位开始到语篇结束，逐级理解语言输入的意义。

自下而上理解模式在听力理解中扮演着十分重要的角色。首先，在许多交际场景中，我们都需要听懂语言输入中的几乎每一个语言元素，包括语音、语调、单词、语块、句子，至少是其中含有重要概念意义的语言元素。例如，当朋友让我们去火车站接站时，我们需要非常认真地、逐字逐句地听清楚，包括在哪个火车站、是哪趟列车、几点到、在哪个出站口见面等。在这样的交际任务中，我们使用的就是自下而上理解模式。其次，听懂语言输入中的语言元素是准确解码语言输入的前提。自下而上地解码语言元素本身的意义是正确地理解语言输入的基础。

2. 自上而下理解模式

与自下而上理解模式相对应的是自上而下理解模式。

自上而下理解模式认为，对语言的理解涉及多种知识。听者将所听到的声音作为线索，运用自己已有的各种相关背景知识和认知策略，积极地进行预测、推理、总结概括等活动，对语言输入做出理解。

自上而下理解模式在听力理解中也扮演着重要的角色。

第一，在口语交际中存在大量冗余信息，从音位和单词开始，逐字逐句地理解这些冗余信息不仅没有任何意义，而且还会分散和消耗精力，影响重要信息的理解。在冗余信息面前，我们不需要关注语言输入中的每一个语言元素，而是要设法抓住那些涉及宏观意义的部分，如主旨大意、作者态度等，运用已有知识和语言理解策略对语言输入做出理解，即自上而下地理解语言输入。例如，听他人讲述恋爱经过时，我们头脑中已有的关于这个话题的背景知识就会产生作用，帮助我们预测将要传递过来的语言输入。对于这样的语言输入，我们不需要去做逐字逐句的理解。我们不需要听清楚他们具体是在什么时间和地点相遇的，也不需要准确地理解他们当时相互说了什么话。作为一个理想的听众，我们只要听个大概意思并表示有兴趣听，在恰当的时候感叹一下或开个玩笑等就可以了。

第二，在许多时候，我们所听到的语言输入往往同外部世界、语境、背景知识等有着千丝万缕的联系和指称关系。因此，对语言输入的理解不仅仅涉及对语音、词汇、语法等语言元素本身的理解，而且涉及对语篇上下文、情景语境和目标语文化等背景知识的理解。这时，我们就需要超越字面意思和线性理解方式，运用上下文、情景语境和目标语文化等相关背景知识，采取自上而下的方式对所听内容做出解释。请看以下例子。

Denise：Jack'coming to dinner tonight.

Jim：I'd planned to serve lamb.

Denise：Well you'll have to rethink that one.

通过以上例子可以说明背景知识对语言理解的重要性。如果不知道 Jack 是素食者这个信息，就不容易理解以上对话。实际上，即使我们不知道 Jack 是素食者，也可以利用上下文语篇知识来理解这个对话。当我们听到"Well you'll have to rethink that one"时，我们可以从该对话的上下文推测出：由于 Jack 要来, lamb（羊肉）作为晚餐不合适，这可能是由于 Jack 不吃肉或者不喜欢吃羊肉。

总之，在许多时候，我们需要采取自上而下的理解方式理解语言输入的意义。

3. 自下而上与自上而下相结合的理解模式

听力理解是一个自下而上理解模式与自上而下理解模式相结合的过程。一方面，听力理解从自下而上的线性理解开始，即对语言元素，特别是那些载有重要概念意义的语言元素进行解码，因为对语言输入中语言元素本身语义的解码是理解语言的基础。在许多时候，语言输入中的语言元素，包括重音、语调、词汇、语法等，都可以用来表达说话者的意图、只有捕捉到这些语言元素所体现的意义，才能准确地解码语言输入的意义。另一方面，听力理解不能仅仅停留在对语言元素本身所体现的意义层面，不能完全以自下而上的方式，像录音机那样，按照线性序列一个音、一个单词、一个语块、一个句子地接收和储存信息，而是要在正确接收和理解语言输入中语言元素所体现的意义的基础上，使用自上而下的方式，依赖话题的背景知识、谈话语境、文本类型等进行预测、推理，对语言输入做出宏观的、概括性的理解，因为我们毕竟不是像自下而上模式所认为的那样一个单词一个单词地储存所听到的语篇。

总之，像一个硬币包括正反两面一样，听力理解是由"自下而上"和"自上而下"两种模式相结合组成的，二者相辅相成，缺一不可。因此，在听力理解过程中，只有将两种模式有机地结合起来，才能对语言输入做出正确的理解。

（二）坚持精听与泛听相结合的课堂听力教学原则

自下而上和自上而下是我们理解语言输入的两种基本模式。在课堂听力教学中，精听和泛听是指导学生运用这两种理解模式解码语言输入的有效方法。

1. 精听局部内容

精听局部指的是利用自下而上理解模式，对所听语篇中的某个局部进行逐字逐句的解码，目的是对这个局部内容达到透彻的理解。通过精听教学可以培养学生以自下而上的方式理解语言输入的能力。

听力理解是以自下而上地对语言输入中的语言元素进行准确辨认和理解为基础的。因此，只有正确地接受和理解语言元素本身，才能像自下而上模式所说的那样，以语言元素为线索对所听语言输入做出自下而上的理解。因此，在课堂听力教学中，教师要安排精听内容，培养学生以线性的方式接受和解码语言元素，包括语音、语调、单词、语块、小句的能力，培养学生自下而上地理解语言的能力。对外语学习者来说，通过精听局部内容培养学生自下而上地理解语言的能力是极为重要的。毕竟，不具备理解语音语调、词汇语法等语言元素的能力，就谈不上以自下而上的方式理解语言输入。

2. 泛听全文

通过精听，可以培养学生以自下而上的方式理解语言输入中的细节，包括对 who、when 和 why 等问题的把握，但理解语言输入中的细节问题不是听力理解的全部内容，有时甚至不是听力理解的主要目标。

泛听指的是把所听语篇作为整体进行收听，利用自上而下的模式从宏观层面上对语篇进行理解，如理解语篇的中心思想、作者的态度等，而不去关注某些语言的细节问题。泛听教学可以培养学生以自上而下的方式理解语言输入的能力。

（1）泛听教学的意义

对于本族语听者来说，从宏观层面上理解语言输入仿佛是一件自然而然的事，并且多数时候被认为是理解策略问题。但是，对于外语学习者来说，尤其是在外语学习的初级阶段，理解语篇的大意、作者的态度等宏观问题具有极大的难度，远不只是一个策略问题。

首先，对宏观问题的理解，如从语篇的题目推测将要听到的语言输入的内容，往往需要建立在对某些微观问题的理解的基础之上。如果不理解题目本身的意思，甚至对题目的语言元素本身理解不够透彻的话，就谈不上根据题目对整篇听力材料做出正确的推测。一旦对题目的理解有误，那么根据对题目的错误理解而进行推测的话，可能会将理解带入歧途。其次，宏观问题的理解需要建立在一定的语篇知识的基础上。成功地识别语篇的主题句以及用于阐释语篇主题句的分论点的主题句需要具有足够的语篇知识。更进一步说，宏观问题的理解往往需要识别语篇的相关细节，并对它们做出整合，这对学生来说是一个语言问题，即使是在母语学习中，对语篇的细节做出整合也是一项难度比较大的任务。更不用说，英语的语篇与汉语的语篇在结构上存在很大差异。最后，宏观问题的理解常常与目标语的文化背景知识密切相关，而外语学习者，特别是在学习的初始阶段，往往缺乏这些知识。

鉴于以上种种原因，对于外语学习者来说，从宏观层面上理解语言输入同样具有很大的挑战性，而从宏观层面理解语篇的能力只有通过大量的泛听活动才能得到提高。因此，在课堂听力教学中，教师不仅要为学生提供适合精听的材料，也不能忽视提供泛听材料，以便培养学生从宏观层面理解文本的能力。

（2）泛听教学的方法

进行泛听教学的主要方式是整体听影音材料。

整体听（Holistic Listening）指的是完整地播放影音，让学生理解关于所听材料的宏观问题，如文章的中心思想、作者的态度等，或者为故事、某个事件排序等，从宏观上检查学生对文章的理解。在整体听之前，教师可以通过提出宏观层面上的问题对学生进行引导。请看以下几个问题：

Listen to the text.Then answer the questions.

What does the text mainly talk about?

What does a Chinese meal include?

What food of grain is mentioned in the text?

What other food is mentioned in the text? List five.

What does the writer think of Chinese food? Give two pieces of evidence.

以上是用于泛听语篇"Chinese Food at Home"之前的问题。从这些问题可以看出,回答它们不能仅仅根据某个局部的内容来完成,而是需要听者对相关细节内容进行选择、提取和概括。

3. **课上精听和课下泛听相结合**

在同一个语篇中,我们可以将精听和泛听相结合,即选择一个或几个部分作为精听内容,其余部分作为泛听内容。另外,精听和泛听相结合还体现在处理不同的语篇上,如把课上的听力材料作为精听,把课下的听力材料作为泛听。一般来说,对课堂上的听力材料处理得比较精细,而课下的听力材料则可以作为泛听材料,要求学生只理解其宏观问题,或者只理解其中自己感兴趣的内容。

总之,教师不仅要在课堂上指导学生进行精听和泛听训练,而且要引导学生在课下从多种渠道选择泛听材料进行听力练习,增加听力输入量,扩大知识面,巩固听力技能,逐步提高听力理解能力。

第二节　英语听力教学的内容与目标

一、听力课堂教学的内容

在听力过程中，学生必须能够区分连续的声音，识别听到的单词、句子、语篇，识别重音、节奏，预测说话者的谈话内容、推断谈话目的等，这样才能完整、准确地理解与把握听力材料，因而英语听力课堂教学就应该包含三方面的内容，即听力知识的教学、听力技能的教学以及听力理解过程的教学。

（一）听力知识的教学

听力知识的教学包括语音知识、语用知识、文化知识、策略知识等内容。听力理解的首要任务就是进行语音解码，因而语音知识不仅是语音教学的内容，也应该作为听力课堂教学的内容。因此，在英语听力教学过程中，教师有必要教给学生必要的发音、重读、连读、意群和语调等相关知识。

此外，学生掌握一定的语用知识、文化知识、策略知识至关重要，这将有助于听力理解过程的有效开展。缺乏一定的策略知识，学生就难以根据不同的听力任务选择适当的听力方式。缺乏相关的语用知识，学生将难以推断、理解交谈双方的会话含义与意图，影响听力理解的质量。缺乏对目的语国家文化知识的了解，学生在听的过程中就会产生歧义，最终将无法准确理解所听到的内容。

（二）听力技能的教学

要想准确、完整地理解给定的听力材料，学生除了需要掌握相关的听力知识之外，还需掌握一定的听力技能与技巧，因此，听力技能教学也是英语听力课堂教学的一个重要组成部分。听力技能教学主要包括以下两个方面：

1. 基本听力技能教学

基于学生自身特点的差异以及教学阶段的不同，听力技能教学的目标也有所不同。一般来讲，基本的听力技能教学主要包括以下几个方面：

（1）辨音能力教学

辨音能力是听力理解的基本能力，在听力教学中，教师要教会学生辨别音位、辨别重弱、辨别音群、辨别语调、辨别音质等。

（2）猜测词义能力教学

猜测词义能力的教学是指教师要教会学生掌握利用各种技巧猜测听力材料中所涉及的生词、难词的能力。

（3）选择注意的能力教学

选择注意的能力教学是指教会学生根据听力的目的和重点对听力中的信息焦点进行选择。

（4）理解细节能力教学

理解细节能力教学指教会学生掌握从听力材料中获取具体信息的能力。

（5）理解大意能力教学

理解大意能力教学通常包括教会学生推断、把握听力材料的主题和意图等。

（6）推理判断能力教学

推理判断能力教学即教会学生借助各种技巧、通过推理判断，获取谈话人之间的关系、说话人的态度、意图和言外行为等非言语直接传达的信息。

（7）预测下文能力教学

预测下文能力教学指教会学生对听力材料下文所要出现的内容进行精准猜测和估计，从而确定事物之间的逻辑关系或发展顺序。

（8）交际信息辨别能力教学

培养交际信息辨别能力是实施有效交际的关键，因此，教师要教会学生辨别新信息指示语、例证指示语、语轮转换指示语、话题终止指示语等。

（9）评价能力教学

所谓评价能力教学，是指引导学生对所听材料进行评价表达自己的观点、看法的能力。

（10）记笔记能力教学

所谓记笔记能力教学，是指引导学生根据听力要求选择适当的笔记记录方式以将所听内容记录下来。恰当的记录方式有利于学生获取听力信息。

2. 听力技巧教学

多数情况下，技巧和技能可以互换使用，技巧和策略也可以互换使用。例如，在听不同的材料过程中，理解大意可能是一个听力技巧，也可能是一个听力技能或听力策略。但有些情况下，技巧、技能和策略会处于不同的层面，因而包含的具体内容也各不相同。技巧是具体的活动操作方式，技能则是完成一定任务的能力，比如能轻松地猜测某个单词的词义是一种技能。在猜测词义时，学生可以运用各种技巧，例如，根据上下文猜测，或者借助说话者的表情、手势等进行猜测，而这两种方法就是实现既定听力目标的技巧。技巧如果使用得当，就达到了策略的层次，有助于学生理解听力内容，否则就只是一项技巧。

（三）听力理解过程的教学

听力理解涉及两个方面：一是对字面意思的理解，二是对隐含意思的理解。理解过程则主要由五个环节构成，即辨认、转化、重组、评价和应用。任何级别的听力教学都必须经历从辨认到转化、到重组、到评价再到应用的一系列过程，然后才能逐步提高学生的听力能力，促进听力教学有效开展。

1. 辨认过程教学

辨认属于第一层次，主要包括辨认语音、辨认符号、辨认信息等内容，为后面几个层次的发展和提高奠定基础。教师可以通过正误辨认、匹配、勾画等具体方式训练和检验学生的听力能力。例如，将听力材料中的对话打乱顺序后呈现给学生，让学生根据听到的内容给句子排序。辨认也分不同的等级，辨认语音属于初级的要求，而辨认说话者意图则属于高级要求。

2. 信息转化过程教学

信息转化属于第二层次，要求学生能够将听到的信息转化到图表中，这一过程包括对信息的分析和书面输出。这个阶段要求学生可以在语流中辨别出短语或句型。这一层次又分为几个不同的层面，涉及原信息转化和运用自己的语言进行转化，其中信息转化则可以通过填图、填表等方式完成。

3. 重组与再现过程教学

在信息转化阶段之后，就进入了第三层次，即重组与再现层次，它要求学生用自己的语言重新组合信息，并通过口头或书面方式将信息表达出来。在这一阶段，学生可能会对与某些话题相关的词汇不了解，因此，教师在教学过程中应使学生大量接触相关词汇，并组织学生根据所填写的图表开展复述练习等活动。

4.评价与应用过程教学

评价与应用属于听力的高层次，它要求学生不仅要理解信息、转述信息，同时还能够运用自己的语言对信息进行评价和应用。简单地听并不是目的，听是为了在日常交际中更好地进行交流或解决问题。因此，听力教学中力图达到的一个目标就是教会学生进行评价和应用，在实际教学中，评价和应用可以通过讨论、辩论等活动展开。需要强调的是，即使学生的听力已达到这个阶段，随着听力题材、内容的变化，学生往往还会恢复到前面几个阶段。要使学生在多数情况下成为这个阶段的听者，教师在教学过程中就要帮助他们不断吸收新的词汇和知识。

二、听力课堂教学的目标

龚笃勤曾对英语听力教学的目标进行过详细论述，在他看来，英语听力教学的目标主要有以下几个特点：作为其他活动的跳板、作为听力训练的方式、作为听力检测的方式、作为获取信息的方式、作为娱乐的方式、作为技巧训练的方式。

具体来说，教育阶段不同，英语听力教学的目标也不相同。以下将分别介绍义务教育阶段、高中阶段的英语听力教学目标，以及大学英语听力教学目标。

（一）义务教育阶段和高中阶段的英语听力教学目标

根据《全日制义务教育英语课程标准（实验稿）》和《普通高中英语课程标准》所颁布的内容标准，从小学到高中毕业共有九个级别的具体目标要求。

（二）大学英语听力教学目标

在我国高等教育发展的新形势下，为了深化英语教学改革，提高英语教学质量，满足新时期国家和社会对英语人才培养的需要，教育部制定了《大学英语课程教学要求》，作为各高等院校组织非英语专业本科生英语教学的主要依据。《大学英语课程教学要求》对大学英语教学的目标进行了三个层次的划分,即分为一般要求、较高要求、更高要求,其中关于听力教学的目标规定如下:

1. 一般要求

能听懂英语授课;

能听懂日常英语谈话和一般性题材的讲座;

能听懂语速较慢(每分钟 130~150 词)的英语广播和电视节目,能掌握其中心大意,抓住要点;

能运用基本的听力技巧。

2. 较高要求

能听懂英语谈话和讲座;

能基本听懂题材熟悉、篇幅较长的英语广播和电视节目,语速为每分钟 150~180 词,能掌握其中心大意,抓住要点和相关细节;

能基本听懂用英语讲授的专业课程。

3. 更高要求

能基本听懂英语国家的广播电视节目,掌握其中心大意,抓住要点;

能听懂英语国家人士正常语速的谈话;

能听懂用英语讲授的专业课程和英语讲座。

综上所述,促进听力理解和技能运用能力的提高是英语听力教学活动开展的目标。因此,英语听力教学应该以技能训练和信息获取为目的,换句话说,教师在英语听力教学中,不仅要训练学生的听力能力,还要帮助学生掌握听力材料中的知识点。

第三节　英语听力教学的问题

许多外国学者对培养学习者听力理解能力的困难或者听力障碍做过论述，但是对于中国学生在听力理解过程中存在的障碍的研究不够充分，而汉语和英语的区别、中国学生学习外语的习惯等，都使中国学生在听力理解中遇到的障碍具有特殊性。

一、语音障碍

英语是拼音文字，而汉语是象形文字。两种语言在语音，包括单词与汉字的发音和重音、句子重音、韵律节奏和语调等方面都存在巨大差异。例如，绝大部分汉语是由一个声母和一个韵母组成的，并且都是以韵母结尾，相当于英语单词中的一个音节，而英语单词可以是单音节词、双音节或多音节词，而一个音节也常常包括多个辅音，并且许多音节是以辅音结尾的。英语和汉语在语音特征上的差异，给中国学生听力理解带来了很大障碍。

（一）音位辨认的困难带来识别单词的困难

英语单词的发音是由不同的音位（phoneme）组成的。不能正确、及时地辨认音位会给学生带来辨认英语单词的困难，从而产生听力障碍。

英语中的许多音位与汉语不同，其中，有些在汉语中不带来意义变化的音位，在英语中却可能属于不同的音位，这使学生难以辨别英语单词中的某些音位，从而导致识别单词的失败。例如：在汉字中，使用 /w/ 还是 /v/ 不会带来意义上的变化，如把"伟大"中的"伟"说成"wei"或"vei"，听者一般不会误以为是其他字。但是在英语中 /w/ 和 /v/ 却是两个不同的音位，即在单词中，是 /w/ 还是 /v/ 意味着两个不同的单词，如 wet 和 vet、west 和 vest。另外，在英语中有许多汉语中没有的音位，它们也常常给中国学生识别单词带来困难，如 bed 和 bad 中的 /e/ 和 /a/。

英语音位的读音在单词中常常发生变化，如 /t/ 在单词 student 中因为受到前

面清辅音 /s/ 的影响而变为 /d/，而在单词 mutton 中，/t/ 由于受后面元音的影响，其发音也向 /d/ 靠近。这种音位的变化常常给中国学生识别单词带来困难。

英语单词中有许多音位组合（juxtaposition），学生常常由于不能顺利地辨认辅音组合而错误地识别单词，如 parts 和 parks。

在听力理解过程中，对某些音位辨别的困难常常导致在听力过程中迟疑或停顿。虽然有时候想清楚某个单词的正确发音只需要一秒钟或更短的时间，但是它也会耽误理解的进程——口语速度很快，语篇又不可能重现。对于外语学习者来说，耽误一点儿时间，即使迟疑一下，也可能会引起连锁反应，耽误对内容的理解。另外，错误地辨别某些音位会导致错误地理解单词。有时尽管这个解释不符合上下文的语义，但是学生却没有时间做进一步考虑，从而将错就错，导致听力理解的失败。

（二）单词与单词之间的连读带来理解上的困难

单词与单词之间的连读也常带来理解上的困难。在汉语中，每个汉字在句子中的发音与其独立时的发音基本上相同。但是，在英语中，相邻单词与单词之间常常连读，在发音上组合成一个"长单词"，如 get up 连读为 ge-tup。这种连读现象常常造成听力理解上的困难。

（三）句子的语调、重音和韵律

在英语中，语调、重音和韵律等都属于超音位，即它们都是大于音位的意义单位。不同的语调、重音和韵律节奏所表达的意义往往不同。不能正确地理解句子中的语调、重音和韵律节奏是造成听力理解障碍的重要原因。

1. 语调

在英语中，语调的不同会导致不同的话语意义。一个重要的单词常常是靠使用高音调说出而得以强调的。在具体语言情境中，交际的语用意义，如可信程度、怀疑、讽刺、询问、惊讶、幽默等，除使用词汇手段外，也经常靠语调的变化来实现。请看以下两个学生之间的对话：

A：John worked out that super difficult math problem.

B：Really? Or really.

在以上对话中，听者 B 的前一种语调，即疑问语调，表示相信 A 所说的"John 做出了那道极难的数学题"这个信息，并且感到惊讶；而后一种语调，即降调，却表示 B 由于某种原因，如事先得知 John 是抄袭其他同学的答案，或者问过教师，或者由其家长帮助做出的答案等，对 A 所说信息表示轻蔑或者不信任等态度。这种意义上的不同不是通过不同的词汇语法体现出来的，而是通过语调以隐性、间接的方式表达出来。这种由语调的不同而带来的微妙的意义差异通常会给英语初学者带来听力理解上的困难。

2. 句子的重音和韵律节奏

英语是以重音作为计时标记的语言，其韵律特征是生成和理解意义的重要辅助手段。

音步（foot）是构成韵律节奏的基本单位。一个音步可以包括一个重读音节和一个或多个非重读音节，也可以只包括一个重读音节。小句的韵律节奏是基于音步中的重读音节而形成的。在口语中，音步中的重读音节读得清楚、响亮，占用的时间较长，而非重读音节则读得弱、不清楚，占用的时间较短，常常一带而过，以确保小句的整体韵律节奏。我们借用这个例子来说明句子的韵律节奏问题：句子"The cat is interested in protecting it skittens."包括四个音步：cat is、intersted in pro-、tecting its、kittens 句子起始处的 the 为弱起，不计入音步。其中，第二个音步"interested in pro-"共包括 6 个音节：1 个重读节"in-"和 5 个非重读音节。这一个重读音节读得清楚、响亮，而 5 个非重读音节读得既快又不响亮，甚至模糊难以辨认其发音，以便说这 5 个非重读音节"-terested in pro-"和说一个重读音节"in-"所占用的时间大约相等。在很大程度上，正是因为这种既快又模糊的非重读音节，使几乎所有初学英语的学生都感到英语本族语者说话的语速太快，从而难以理解。

汉语的韵律特征与英语的韵律特征截然不同。汉语是以字作为计时标记的。在汉语中，每个字相当于英语的一个音节，每个字所占的时长几乎一样，并且每个字都需要读得清楚。在一般情况下，重音和韵律节奏的变化不会引起意义的重大变化。汉语和英语在韵律特征上的这些差异，给中国英语学习者听力理解带来了很大的困难。习惯关注每个汉字来理解句子的中国英语学习者，往往不可控制地关注所听语篇中的每一个单词。当由于某个单词或者音节迅速闪去,或者由于其读音轻而不响亮导致听不清楚时,就会感到不知所措,从而导致之后的内容都听不懂的结果。

总之,英语中的语调、重音和韵律节奏等常常给中国英语学习者的听力理解带来严重问题。因此,教师不仅要引导学生关注单词的读音、重音及单词与单词之间的连读现象,也要关注句子语调、重音和韵律节奏等,使学生逐渐熟悉英语句子的这些要素,最终掌握英语句子的语音规律,成功地完成听力理解任务。

二、语义障碍

从语义层面来看,造成中国学生听力理解困难的一个重要原因是学生倾向于以单词为单位理解句子。以单词为单位对听力文本进行解码,使语义解码的过程变得过于复杂,"就像把砖作为构成房子的结构单位一样,没有认识到墙和房间是房子的直接构成单位",不能抓住语言的整体意义特征,使语言理解变得异常复杂,甚至无法理解。

实际上,理解语义是以语块(chunks)为单位正确地切分小句为基础的。

(一)语块

句子是一个书写单位,位于两个句号之间。一个句子里常常含有一个或多个简单句,即小句。例如,在句子 "I don't mind if you leave as soon as you've finished as long as you're back when I need you." 中含有五个小句,分别是 I don't mind、if you leave、as soon as you've finished、as long as you're back、when I need you。

在书面语中,我们通常以句子作为语言结构的基本单位进行解码。但是,在口语中,由于小句与小句之间的语法关系异常复杂,加上人类的记忆力有限,小句便成为我们理解口语语言结构的基本单位。也就是说,在听到小句时,我们常常把它分割为几个语块,即具有一定词汇、语法意义的意群,包括词组、固定搭配、句型、习语(idioms)、程式语(formulaic sequences)以及具有一定文化含义的其他表达方式。语块的特点是出现频率高、具有特定的表达功能和固定的结构特征，因此，我们将语块作为整体语言单位储存在大脑中，在需要时直接从记忆中提取。例如，在小句"as soon as you've finished"中，我们可以识别两个语块，即连词语块 as soon as 和小句语块 you've finished；在小句"as long as you're back"中，同样可以识别两个语块，即连词 as long as 和小句"you're back"；而小句"I don't mind""if you leave""when I need you"都分别作为一个整体语块处理。

（二）语块作为可以识别的词汇

在听的过程中，我们可能主要直接关注语义成分的理解而不进行句法分析。为了做到迅速地理解话语的意义以便跟上说话的速度，听者需要掌握大量可以迅速地通过听觉可以识别的词汇，如果我们"花费大量时间处理信息的细节的话，就可能跟不上讲话的速度"，当然也就谈不上理解话语了。从这个意义上来说，一个人所掌握的可以通过听觉识别的词汇量是听力理解能力高低的重要标志之一。对于许多学生来说，他们所掌握的通过听觉可以直接识别的词汇量直接影响其理解话语的正确程度和速度。

语块是含有一定独立意义和结构的语言单位，是构成小句的直接成分，是听觉可以识别的基本语言单位。正确、迅速地识别小句中的语块对理解话语起着重要作用。许多应用语言学家都倡导以语块作为语言学习的单位。他们认为人们掌握语言不是一个一个孤立地记忆单词，而是成块地记忆语言单位并将它们储存在大脑之中。人们使用语言主要是运用固定的语块，即多词单位（multi-word unit）。母语者脑海中存有大量的日常表达惯例，在恰当的场合使用它们，会使谈话听起来更自然、地道。因此，这样的日常表达惯例应该作为固定表达方式来学习。一个人的语言储备是由成千上万个语块、短语、含有固定词汇的句式等构成的，语块使人们能够即时听懂和生成话语。

（三）识别语块的障碍

在英语教学中，学习和记忆语言的单位通常聚焦于两个极端：一个极端是孤立的单词，另一个极端是整个语篇。聚焦于这两个极端而形成的学习、理解和记忆语言的倾向和习惯，对话语的理解会产生严重障碍。

第一，一个语篇是由许多单词组成的。以独立的单词作为学习语言的单位，给大脑的记忆增加了巨大的负担，使语言理解变得异常复杂，甚至不可能。以孤立的单词为单位解码听力语篇，几乎不可能正确、迅速地理解语篇中的所有句子。第二，单词与单词结合起来构成小句时常常产生新的意义，以孤立的单词为记忆单位不利于理解话语的意义。第三，语篇的数量是无限的。即使我们不计算背会一个语篇所需要耗费的精力，也不考虑将一个语篇永久地保存在大脑之中的难度，背诵语篇的意义也是不大的，因为我们不可能从记忆中直接提取语篇用于听力理解。从本质上讲，记住任何一个语篇都不会有助于一个新的听力语篇的理解。

为了扫清学生理解英语的语义障碍，教师应该指导学生避免孤立地记忆单词，也杜绝让学生以语篇为单位背诵的做法，而是应该把语块作为学习和记忆语言的单位，以便他们能够正确、迅速地理解话语的含义。

三、语用障碍

语用知识在语言理解中起着重要的作用。在口语交际中，说话者并不是把一切都说出来，而是经常把他认为是生活常识、文化习俗、价值观等内容省去不说，这样就会造成语言中的信息缺失，让听者通过自己已有的相关背景知识理解所说的话语。听力理解需要有对说话者语篇主题的知识，因为理解在很大程度上涉及根据已有背景进行推理，而且，我们所理解的许多内容并不是直接来自所听到的语言本身所传递的信息。这时，只有具备关于说话者话题的深层知识，才能理解到那些基于所听到的语言本身所传达的信息而推测出来的意义。如果缺乏对语言背景知识的了解，即使掌握了大量的词汇和句法知识，也可能难以理解具体情境中的话语的真正含义，即遇到语用障碍。

文化背景知识对于语言理解十分重要，如句子"He went in to a restaurant. After the salad he felt better"，在美国文化背景下，这两句话包含以下意思：他很饿，于是进了一家餐馆。他点菜之后，服务员给他端来一盘免费沙拉。他一边吃沙拉一边等自己点的菜。吃过沙拉之后，他觉得没那么饿了。这两句话的词汇语法简单，但是，由于缺乏对其文化内涵的理解，中国学生很难真正理解其含义。

对于不了解与所测试的话语相关的美国餐饮文化的中国学生来说，这两句话之间缺少背景，不好理解；他们不能理解到"他是在点餐后等待上菜期间，服务员赠送了免费沙拉，他很饿，所以先吃了沙拉充饥"；也有人不能理解到他吃了沙拉后"不那么饿了"，甚至不能理解"他进饭馆是由于饥饿"。学生由于缺乏对英语语言文化背景知识的认识，而用自己的母语文化来理解，因此造成语用错误。

可见，听力理解中的困难可能不仅来自语言水平，而且可能来自语用因素。缺乏对目标语文化背景的足够了解是学生听力理解中的一大障碍。

四、语体障碍

英语学习者，尤其是初学者，往往不能正确理解英语口语语篇的语体特征，不能识别口语语篇中的冗余信息，而是倾向于全身心地关注话语中出现的每一个单词、短语等。当碰到一个不理解或者是错过了一个单词或短语时，心理上就会立刻感到紧张。如果遇到多个不理解或错过多个单词或短语的话，就会因自己不能理解话语而感到沮丧，失去继续听下去的信心，甚至认为自己什么也听不懂。这就给听力理解带来了很大的障碍。

五、思维障碍

在听力理解过程中，许多初学英语的学生不能使用英语思维，而是借助母语对听力语篇进行解码，这在语义理解过程中增加了一个翻译环节，无疑会降低理解的速度与准确性。这样的思维习惯给及时、准确地理解英语语篇造成严重障碍。

把英文翻译成中文理解语篇是学生学习英语的一个普遍现象。尽管有足够的理论研究和实践已经证明，用把目标语翻译成母语的方式学习外语是不科学的外语学习方法，不能培养学生的语言交际能力，但是由于受传统语法翻译法的影响，或是由于教师本身英语水平所限，甚至由于理念上存在误区，在英语课堂上，教师使用中文上课的现象仍然存在。例如，教授单词、课文常常是通过中文翻译进行的，学生的家庭作业也常常包括抄写单词、句子和课文，并把它们翻译成汉语等。长期通过翻译的方法教授和学习外语，使学生形成了用汉语理解和生成英语的思维模式。也许,我们可以通过母语和目标语之间相互翻译的方法培养一定的阅读能力,甚至培养一定的写作能力,但是,通过目标语和本族语相互翻译绝不能获得目标语的听说能力。

(一)借助汉语理解英语导致意义误解

通过中文翻译学习和理解英语会产生严重后果,并且学习者一旦形成了这样的习惯,即使达到了较高的语言水平,也往往难以克服其不良后果。请看以下对话:

A:Today is my birthday.

B:Really?Happy birthday!

有的英语教师对该英语对话质疑:人家说今天是自己的生日,对方怎么还要怀疑人家,问人家真的吗?

之所以产生这样的疑问是因为,在英汉词典中,英语单词 really 常常被翻译为"真的,果真",因此被误解为用来怀疑对方所说的话。在以上对话中,当说话者使用疑问语气时,就被听者翻译为"真的吗",于是就会产生以上的疑问。实际上,really 在不同的语境中可以表达不同的意义功能。在以上语境中,其意为"(表示对说话人所说的话感兴趣)是吗?真的吗"。学习单词时记住它的一个或者几个汉语翻译,在听到含有这个单词的话语时就使用某个翻译来理解话语,而不是根据它在语境中的意义功能来理解,往往会错误地理解话语,产生这样或那样无法解释的疑问。

(二)听力的特殊性导致无法通过翻译完成听力理解任务

在听力理解过程中,把所听到的内容通过翻译成中文来理解,不仅会产生意义理解上的错误,而且从时间上来说也是行不通的。许多中国学生,尤其是初学者,往往习惯听到英文首先翻译成中文而后理解其意思,即以母语当作理解英语的媒介。如果说我们可以借助母语翻译进行一定数量的阅读的话,那是因为在阅读过程中,读者可以自由支配时间或者反复重现语篇。因此,我们可以在阅读的过程中停下来,查阅工具书、请教他人,甚至可以喝杯茶,而后再继续阅读。但是,在口语交际过程中,听者一般没有控制时间的权利,也很少有机会打断说话者并要求其重复。在听到口语输入后，作为听者，唯一的选择就是迅速地跟上说话者的速度并同时做出理解。在口语交际情境中，听者不仅要迅速、正确地理解说话者所说的话，而且要在理解的基础上做出反应。以母语当作理解英语的媒介不可能做到这一点。另外，把英语翻译成母语理解语言的习惯一旦形成，学生就会形成把听到的句子里的成分逐一与母语进行比较的习惯，他们就不会把简短话语或较长话语中的语块本身作为有意义的单位去理解，他们将不能发展听力理解能力，或在大脑中储存连续进行的外语语流。

通过翻译理解英语是许多中国学生学习英语的一个不良习惯，这个不良习惯导致了不利于语言学习的思维方式，成为培养听力理解能力的严重阻碍。

六、心理障碍

当听到一门完全陌生的语言时，我们感到传输到大脑中的语音信息仿佛是一个丝毫没有间歇停顿的连续体。随着对语言学习的深入，我们逐渐学到了该语言的发音、词汇、语法、语篇等语言知识，了解到该语言中所蕴含的文化含义和语用意义等，于是逐渐培养起对该语言的听力理解能力。

这似乎是说，只要学到了语言的发音、词汇、语法、语篇等语言知识，了解了语言中所含的文化内容和语用意义等，克服了我们在上文中谈论的那些影响听力理解的语音、语义、语用、语体以及思维障碍，我们就获得了听力理解能力。其实不然。听力理解是一个复杂的心理活动，必然受到情感因素的影响焦虑是影响听力理解的重要情感变量。由焦虑情绪所带来的心理障碍，是影响学生顺利地完成听力理解任务的一个不可忽视的因素。

（一）焦虑产生的原因

外语学习具有极大的挑战性。在学习过程中，许多学生都会产生焦虑情绪，焦虑对学生外语学习的效果起着重要作用。多年来，焦虑对外语或二语学习所产生的负面作用是外语教学领域研究的一个热门话题。在现有关于语言学习焦虑的研究中，许多学者聚焦于学生在口语输出时所产生的焦虑，而对于听力理解过程中产生的焦虑的研究相对较少。

1. 听力理解的特殊性可能引起焦虑

事实上，在四项语言基本技能中，听力理解表现出极大的特殊性，这个特殊性很容易导致学生产生焦虑情绪。这表现在：作为读者，我们可以控制自己的阅读速度，可以随时停下来查阅字典或咨询他人，我们也可以回过头来反复阅读语篇；作为说话者和写作者，我们可以选择自己熟悉的表达方式去说、去写，甚至有可能事先做一些必要的准备，而听力理解却完全不是这样，因为它具有两个特性：不可预测性和不可控制性。

首先，听力理解具有不可预测性。作为听者，我们无法选择所要听到的内容。语言输入，包括说话者和听力材料，对于听者而言，可能会是完全陌生的。通过外语媒介收听陌生的内容，即使是对于外语水平比较高的听者来说，也是不小的挑战，对于外语初学者来说就更是如此。于是，在开始听力理解活动之前，尤其是在重要的听力考试中，许多学生因为害怕听到自己完全陌生的内容而感到十分紧张，焦虑不已，可能会出现脸色苍白、手心出汗、心跳和脉搏加快，甚至产生腹部疼痛等症状，他们可能会在心中"默默祈祷，希望听力材料是自己所熟悉的内容"。总之，听力理解的不可预测性是导致学生产生焦虑的一个重要因素。

其次，听力理解具有不可控制性。一方面，作为听者，我们无法控制说话者的说话方式，包括口音、语速以及词汇语法的使用等，也无法控制听力理解的过程。不管我们是否听清楚，不管我们是否理解，作为接收者，我们很少有机会打断说话者要求对方重复或者做出解释。在多数情况下，说话者是根据自己的意愿连续说下去的。另一方面，在上文中我们谈到由于受汉语韵律节奏特点的影响，中国学生习惯以独立的单词为单位来理解语篇，往往不可控制地关注所听语篇中的每一个单词。因此，在听力理解过程中，一旦碰到生词、自己不熟悉的语言表达以及文化现象，或者是没有听清楚某个单词甚至某个音节，学生就会脑子嗡的一声，精神陡然紧张起来，产生焦虑情绪，而紧张、焦虑的情绪使正在进行的听力理解变得更加困难，以致后边什么也听不懂，最终导致听力理解失败。

2. 学习者和教师因素促发焦虑

除听力理解的特殊性可能引起焦虑以外，学习者本身以及教师因素也是促发焦虑产生的重要原因。就部分学生而言，语言基础薄弱，文化背景知识匮乏，再加上心理素质较差，缺乏自信，存在畏难情绪，或者性格腼腆内向，不善交际等，都是学生对听力理解任务产生焦虑的重要原因；另外，学生普遍缺乏听力策略，在听力理解过程中往往处于消极应付状态。听力理解策略的缺乏往往导致学生在大段的听力材料面前消极被动，焦虑重重。从教师角度看，课堂氛围和教学过程通常与学生的情绪息息相关。如果教师把自己的角色定义为训练学生的教官，而不是帮助学生学习语言的教师，看到学生的错误就纠正，甚至进行批评责备，学生产生焦虑是在所难免的。在我国，听力理解的学习与训练始终与考试紧紧捆绑在一起，应试的压力使教师在组织听说教学时或多或少带有升学、测试与竞争的味道，练习听说的方式缺乏趣味性，缺乏轻松愉悦的学习氛围，学生在听力课堂上随时准备被教师提问并当众接受好坏对错的评价。在这样的教学环境中，学生产生焦虑情绪也是在所难免的。

（二）帮助学生克服听力理解心理障碍的教学策略

听力理解会引起学生的焦虑情绪，使学生产生心理障碍，导致听力理解失败。在此，我们从认知策略、情感策略和模糊忍耐策略三个方面出发，简单阐释帮助学生克服听力理解心理障碍的教学策略。

1. 认知策略

在许多时候，焦虑的产生首先源于认知方面的因素，"焦虑是由于不能达到预期目标或者不能克服障碍的威胁，使其自尊心和自信心受挫或使其失败感和内疚感增加而形成的紧张不安、略带恐惧感的情绪状态"[1]。在这个定义中，"不能达到预期目标"大多是来自认知方面的原因。尤其是在听不懂的情况下会产生高强度的焦虑。

针对源于认知方面的焦虑，教师要注重运用认知策略。这包括以下几个方面：第一，选择综合难易度适宜的听力语篇，使学生既能学到新知识又不超过学生的能力限度；第二，播放听力理解语篇之前，帮助学生激活已有相关图式，或建立必要的新图式，做好前期铺垫工作；第三，布置明确的、难易度适当的听力理解

---

[1] 朱智贤. 心理学大词典 [M]. 北京：北京师范大学出版社，1989.

任务，避免要求含糊不清或"钻牛角尖"，以及纯属需要机械记忆大量内容的听力任务，如让学生把录音中出现的多个人名填写在表格中。

对于外语听力理解来说，教师需要十分重视认知策略的运用，确保学生在做出应有努力的前提下，可以完成听力理解任务，这样就会大大降低学生产生焦虑情绪的概率。

2. 情感策略

如上文所说，由于听力理解的不可预测性，许多学生在听力理解开始前常常会紧张，产生焦虑情绪。学生心理上的紧张、焦虑情绪会大大影响他们完成听力理解任务的质量。因此，在听前阶段，教师应充分运用情感策略，帮助学生减缓心理压力，放下心理负担，以轻松愉快的心情，去完成听力理解任务。

在英语课堂上，教师最常用、最简单，也是最有效的情感策略是播放学生熟悉的英文歌曲。在播放听力理解语篇之前播放英文歌曲，可以让学生在优美、熟悉的旋律中调整自己的心理状态，不知不觉地进入到英语语境之中。另外，歌谣和短小有趣的小故事或学生身边的趣闻，如出示并与他们谈论某一位教师的生活情景照片，都可以起到调节学生情绪的作用，并能取得良好的情感效果。

需要指出的是，情感策略为的是创设轻松愉快的学习环境，缓解学生紧张、焦虑的情绪，以便有效地进入听力理解阶段。因此，教师应该避免进行有难度、有争议、导致学生不愉快的活动，如男生一组与女生一组比赛唱歌，也应该避免使学生过于兴奋，或开展与英语教学毫无关系的活动，如在小学低年级上课前做"老鹰捉小鸡"游戏等。

3. 模糊忍耐策略

在外语听力理解中，可以说，我们随时都会由于不同的原因，如遇到生词、陌生的文化现象、连读、辅音改变、辅音消失等，而不能理解所听到的内容。在这种情况下，许多学生会变得紧张，产生焦虑，于是影响对之后语篇的理解。针对这一问题，教师要运用模糊忍耐教学策略，引导学生坦然对待自己没有听懂或没有听清楚的内容，不被这些听不懂、听不清楚的内容所困扰，以开放和乐观的心态继续听之后的内容，尽可能发挥自己的听力理解能力，以便较好地完成听力理解任务。

培养学生的模糊忍耐力可以通过组织自由听活动来实现。教师在开始播放录音前，告诉学生第一遍是自由听，即学生可以毫无约束地听录音。在录音结束后，随便说出他们听到的任何内容。只要学生说的内容跟所听录音有关，教师就给予认可和鼓励。在这种自主状态下，学生自然会轻轻松松去听录音，很少有学生会由于怕听不懂而感到紧张，这样会大大降低焦虑。实际上，这种在轻松、无焦虑状态下进行的听的活动，才能真正培养学生的听力理解能力。

　　通过自由听活动，学生逐渐培养起模糊忍耐的能力，不再为听不懂某个单词，或听不清楚某个音节而紧张、焦虑，逐渐克服听力理解过程中的心理障碍。这对培养学生的听力理解能力可以起到积极的作用。

　　总之，心理障碍是影响听力理解能力的重要因素。教师应该秉持平和开放的心态，创设平等愉快的教学氛围，开展以学生为中心的教学活动，以正向鼓励为主的评价手段，为学生的听力学习提供充足的指导和帮助以及良好的环境，找出学生产生心理障碍的原因，对症下药，帮助他们克服心理障碍，成功地完成听力理解任务。

第三章　英语听力教学研究

英语听力既是英语教学的重要组成部分，同时又是体现学习者英语技能的重要方面。可以说，听力能力的高低直接决定着学习者英语语言能力的高低。本章主要内容是英语听力教学的基础理论、英语听力教学的策略探讨、英语听力教学的活动设计。

第一节 英语听力教学的基础理论

一、功能主义语言学理论

20世纪70年代以来,随着功能主义语言学理论的不断发展,人们开始注重对语言社会功能的研究。功能主义语言学认为,语言是人际交往的工具,而不是一个孤立的结构系统。

因此,英语教学的目的是把学习者培养成具有交际能力的语言使用者。听力教学不应该只让学生去听清某一个音,听懂某一个单词或句子,而是应该培养学生准确理解说话者的意图和有效地进行语言交际的能力。随着认知心理学的不断发展和完善,许多研究者开始重视对听力理解过程的研究,并结合语篇的宏观结构、认知图式、认知推理以及语境等因素来揭示听力理解的性质。

有学者指出,对语篇的理解涉及许多因素。在听力理解过程中,随着语篇的展开,听话者需要明确语篇是由一系列句子构成的,但句子的意义有时要受到语篇宏观结构的制约,对单个句子的理解并不能说明其已经理解了整个语篇。

例如,对于下面这个语篇:

John was in the bus on his way to school.

He was worried about controlling the PE class.

The teacher should not have asked him to do it.

It was not a proper part of the janitor's job.

听话者需要随着语篇的发展对自己的理解不断地做出调整。当我们听到第一个句子时,一般会认为John是一个学生,但第二个句子则告诉我们这一理解是错误的,因为从第二句话所描述的职责来看,John应该是教师,但第三个句子的出现又推翻了这一理解,使我们又回到了最初的理解,即John是一个学生,直到最后一句话的出现我们才知道John原来是学校的勤杂工。

认知推理是听力理解的一个重要方面,并在听力理解过程中发挥着十分关键的作用。因此，如何训练学习者在听力理解过程中运用各种认知策略进行自发的、能动的认知推理是听力教学中不可忽略的一个方面。

听话者所做出的推理应该是一个自然的过程，是整个理解过程的一部分。这种推理并不是凭空进行的。听话者在听到某一话语后，马上就会在大脑中激活一系列与话语相关的经验知识或背景知识，并在此基础上通过认知推理来理解话语的意义。

二、结构主义语言学和行为主义心理学理论

20世纪四五十年代，在英语教学领域，听说法是主要的教学方法。以结构主义语言学和行为主义心理学为理论基础的听说法，被看作是最有效的教学方法之一，在军队外语培训中取得了巨大成功。从结构主义语言学的角度看，英语教学应关注的是语言的形式和结构，听力教学因而也在语言形式的语音、单词、句子和篇章四个层面上进行：在训练学生听懂一段课文时，教师首先是从元音和辅音的识别出发，然后依次进入单词、句子和篇章的层面。这种"自下而上"（bottom-up）的听力教学模式的目的在于让学生通过语音识别来理解单词的意思，并在此基础上理解句子的意义，然后再通过对句子意义的理解来把握整个篇章的意义。

在当时的行为主义心理学的影响下，语言学习也被深深地打上了"刺激—反应"模式的烙印，语言能力的获得和发展被看作是对行为反复操练的结果。因此，听力教学的一个重要内容就是让学生反复进行语音的识别和听辨训练，而意义则没有得到应有的重视。在大多数情况下，教师往往让学生将所听到的单词翻译成母语，以检查学生对听力教材的理解情况。

第二节　英语听力教学的策略探讨

一、英语学习策略的相关概念

学习策略对学习者学习具有重大的促进作用，是学习者开拓思维、进行有效学习的关键。学习策略对于英语学习而言是至关重要的，当然对于听力学习也不例外。当前，教育界、语言界对于学习策略的研究是非常关注的。同时，由于学习策略具有很强的操作性、监控性等特点，其赢得了教育工作者和学习者的青睐。学习策略的运用也是一个动态化的执行过程，恰当并正确地运用学习策略对学习者学习效果的提升有着非常重要的作用。

由于国内外学者对"学习策略"这一概念研究的角度不同，对其界定也存在明显的差异。

斯特恩（Stern）认为，语言学习策略主要指的是学习者自觉参与到一定目标的活动。

纽南（Nunan）认为，学习策略是学习者为了能够顺利学习和把握语言而进行的可以交流的、心理层次上的程序。

奥克斯福德（Oxford）认为，学习策略是学习者为了保证语言学习更加愉快、成功、自主，而不断采取的行动或者行为。

科恩（Cohen）认为，所谓学习策略，是指学习者为了能够更好地理解和认识目的语言，产生的一种有意识的行为和想法。

鲁宾（Rubin）认为，学习策略对于学习者来说，有利于其构建良好的语言系统，简单来说就是学习策略对语言发展有着直接的影响。

奥马利和查莫特（O'Malley&Chamot）认为，学习策略是学习者对新思想、新信息等进行学习，从而更好地理解和记忆的做法和行为。

除了国外学者的界定外，国内的很多学者也陈述了自己的观点。

鲁子问、康淑敏认为，学习策略是为了更好地实现对目的语的学习而采取的有意识的方法和行为。

文秋芳认为，英语学习策略是学科学习的一个重要分支，具体指的是学习者为了更好地提升其学习效果，而采取的多种多样的学习策略。更具体地来说，学习策略不仅包括学习者为了更好地完成相应的学习任务和学习活动而采取的相应的策略，而且包括学习者为了对自身学习目标、过程以及结果等进行计划、调控以及评估而采取的宏观层面的策略和学习者对英语学习和英语这门语言本身的一些具体的认识。

吴本虎认为，英语学习策略是作用于英语学习的思路和行为。它不仅包括外部的语言行为，而且包括不可观察的内部心理过程。英语学习策略可以是直接地参与英语活动，也可以是间接地支持英语学习。它的使用可以是有意识的，也可以是下意识的。虽然国内外学者对学习策略有着不一样的界定和侧重点，但是从某些层面都将学习策略的内涵揭示出来了。

二、英语学习策略的相关阐释

为了能够更清晰地认识学习策略的实质和内涵，这里有必要对与学习策略相关的几个概念进行阐释与对比分析。

（一）学习策略与学习风格

学习风格是学习中表现出来的一种持久不变的个人差异性，即每一位学习者拥有的属于自己的特殊方法，如审慎或者冲动的学习风格，对歧义的容忍还是不容忍的学习风格等。当然，学习风格与情感、生理因素等密切相关。

但是，学习风格与学习策略并不等同，而是存在着一系列的差异。

受主观因素的影响，学习风格的差异性比较大，尤其是不同学习者的性格和气质差异。相比之下，学习策略受主观因素的影响比较小，因为其主要服从于客观的规律。否则，学习者也很难取得最佳的学习效果。

学习风格并不是以问题作为导向，而学习策略主要是为了克服学习中遇到的困难而采取的措施。学习风格的类型与成绩并无多大关系，但是学习策略的运用往往与成绩密切相关。学习风格会受学习者个人习惯和性格的影响，因此稳定性较强，但是学习策略具有较大的灵活性，会随着学习者、客观环境等因素的变化而发生较大改变。

（二）学习策略与学习方式

目前，国内外学者对于学习方式的界定多有不同。国内学者认为，学习方式与学习方法、学习策略是等同的，并认为学习方式就是学生在完成学习任务时的基本认知取向和行为。

国内外学者关于学习方式的界定，可以归结为以下两种：

第一种：学习方式可以视为学习风格，即学习者在学习和知觉中对信息进行处理的方式以及学习者个体做出反应所采用的策略，其中涉及学习者对信息的处理以及解决问题所采用的偏好形式。

第二种：学习方式涉及多层含义，即学习过程中学习者采用何种方式参与到学习活动中，学习者运用何种学习策略来展开学习活动。

如果对比上述两大含义，不难发现，第一种看到了学习者内部的信息加工和反应，而第二种方式看到了学习者外部采用的学习活动方式。

对于学习策略和学习方式，二者是支架和理念、基础和前提的关系。也就是说，学习策略需要建立在学习方式的基础上，而学习方式是学习策略的根基。如果没有学习方式，那么学习策略也就成了"无源之水"。并且，学习策略需要依靠学习方式来体现，学习方式因为学习策略的存在而变得更加有效。

（三）学习策略和学习方法与技巧

学习策略并不等同于学习方法和学习技巧。学习方法和技巧是学习者为了解决学习中的问题而采用的具体手段和做法。但是，学习策略除了这些之外，还包含学习者对学习过程、学习内容等的认知，学习者对学习过程、学习目标采取的宏观性计划，学习者使用的辅助性的手段等。

可见，与学习方法、学习技巧相比，学习策略属于上位信息，而学习方法、学习技巧属于下位信息。就概念的内涵来说，学习策略是对学习方法、学习技巧的选择和使用，是对其进行的认知和理解。学习策略指的是学习者在语言输入、语言存储、语言输出中运用的策略，还涉及情感、态度、动机的融入。

三、听力学习策略训练的原则

近年来，很多西方学者开始研究二语或外语学习者的听力学习策略。通过研究，很多学者基本已经达成了共识，就是借助听力学习策略的训练等提升学习者的学习动机、学习自主性、听力成绩以及策略意识。这些学者也明确指出，听力学习策略的训练应该是听力课程的一项重要内容。

为了保证听力学习策略训练更加有效，使学习者的听力学习能力不断提升，在进行训练时，学习者需要遵循如下原则。在这些原则的指导下，学习者的听力学习才能更加有理有据。

（一）分析和综合相结合原则

通常情况下，听力训练中会遇到以下两种常见的题型：一种是以理解听力材料的主旨大意，或者根据文章的结构进行推理判断的；一种是针对听力材料中的细节问题，如某个具体的时间、地点、年份或某件事的起因或者判断某种说法是否正确等内容设问的。

这些都是听力题的基本类型。在这里，分析和综合指的是在听力训练中，对细节题和概括题展开的训练。其中分析的听主要是要求在听力活动和行为中，学习者应该集中自己的注意力，尤其是细节部分，对自己听到的内容进行分析。综合的听主要是在听力过程或者行为中将着重点放在对材料的把握上，即基于基础练习的整体听力练习上。简单来说，综合的听就是要求学习者对听力材料有一个整体的理解和把握，这一方法有助于分析整篇文章的主旨思想。

（二）分散与集中相结合原则

运用听力学习策略训练听力时，还应坚持分散和集中相结合的原则。

所谓分散训练，指的是在听力训练中，学习者应该对各个重点内容展开分类，即有针对性地训练。根据听力材料的内容展开练习，每一部分都安排足够的时间，这样就能够保证学习者对基本听力水平的掌握。一般情况下，分散性练习主要位于初级阶段的听力训练中，即打基础的阶段。当进入分散性训练的后期阶段，学习者可以从不同主题出发来加以训练。在这之后，学习者就可以进入集中训练的阶段。所谓集中训练，指的是在分散训练基础上进行大量的强化练习，对自己在听力学习中遇到的一些问题进行思考，可以寻求教师和其他同学的帮助。

（三）充分把握听力策略使用原则

充分了解并调查学习者学习策略的使用情况，从不同学习者的实际情况出发，对需要训练的学习策略进行安排。学习者使用学习策略的情况是教师选择哪种教学策略的基础。与此同时，教师应充分考虑不同学习者的思维能力、智力水平、性格特点、接受水平等，这样有利于他们在制定训练目标和步骤时，更加具有针对性，也有利于帮助学习者解决当前学习过程中所遇到的困难。

（四）结合所学材料原则

在使用听力学习策略训练学习者的听力时，还应充分结合学习者所学的听力知识和内容进行训练。一般来说，学习者的学习大多是建立在教学材料和大纲的基础上的，教师只有对其采用专门的训练方法，并结合学习者的学习材料，才能使得听力课堂教学更具合理性，也才能进一步提升学习者的训练效果。

四、听力学习策略训练的模式

长期以来，听力教学往往以教师为中心，着重于通过对学习者进行大量的输入性练习，来不断提升学习者的听力水平。这一教学模式是一种被动的接受性模式，忽视了学习者的听力理解能力和信息知识激活能力。由于学习者存在着差异性，因此教师要针对每一位学习者进行不同样的学习策略训练是很不容易的。但是，教师可以对训练的策略做一个周全的考虑，寻求最适合的学习策略训练方法。具体而言，在不断的实践过程中形成了如下三种模式：

（一）"解说—训练—反馈"模式

"解说—训练—反馈"听力学习策略训练模式通常是将听力学习的训练分为

解说、训练、反馈这三大步骤。为了对这一训练模式有更深刻的理解和认识，并能在实践中灵活运用，下面主要从在日常策略中的自我评价策略中如何运用"解说—训练—反馈"模式来进行分析。

在解说阶段的训练中，首先应对自我评价策略这一概念本身有充分的理解和认识。自我评价具体指的是学习者进行听力学习活动之后，对自己的学习过程与学习进度进行评价的策略。其次在其具体的学习过程中时刻保持反思状态和意识，并根据实际对自己的学习手段和方式进行相应的调整。

在训练阶段的训练中，教师可以制定相应的调查问卷，帮助学生了解自我学习评价的思想意识。

在反馈阶段的训练中，可以以多样化的方式进行总结和反馈。学习者可以进行单方面的个人总结，教师也可以对学习者进行整体的总结，或者教师可在学习者所做反馈的基础上进行总结，并针对遇到的问题随时调整训练方法。

（二）"解说—对比操练—反馈总结"模式

"解说—对比操练—反馈总结"的听力学习策略训练模式主要分为解说、对比操练、反馈总结这三大步骤。

在解说阶段的训练中，要对听前推测这一策略有整体的认识和理解。听前推测具体指的是在听力活动进行之前应按照听力材料的题目中所给出的文字、插图以及题干等所提示的信息，对文章可能提及的话题展开推测。

在对比操练阶段的训练中，教师可以从教材出发，选取两篇具有相同难度、设计理念类似的文章，并结合这两篇材料进行对比操练。教师在进行操练时，针对第一篇文章，可以在学习者没有任何准备的情况下播放文章的音频，针对第二篇文章，应提前给学习者一定的准备时间，同时，要求学习者先进行推测，进而播放音频。对于上述两篇文章，所播放音频的次数应该保持等同。之后，教师可以和学习者一起，结合听力答案进行探讨和分享听材料过程中的真实感受。

在反馈总结阶段的训练中，主要针对操练过程和结果来进行总结。此时，教师可以鼓励学习者进行独立的思考和总结，并在其中给予适当的引导或进行点评。

(三)"解说—示范—训练过程—反馈总结"模式

"解说—示范—训练过程—反馈总结"模式主要包含四大部分,即解说、示范、训练以及反馈总结。下面就以"做笔记"为例进行解读。

在解说阶段的训练中,应对"做笔记"有整体的认识和理解,可对"做笔记"进行解释说明,"做笔记"具体指的是在听力活动中,学习者通过借助一些符号、数字、缩写形式等将听力材料中的关键词记录下来。

在示范阶段的训练中,就是对"做笔记"这一听力学习策略的训练方式有了整体的理解和认识之后,可结合实例进行示范。例如,做笔记时,可用"w"表示"work",用"+"号和"-"号分别表示"多"和"少"等。

运用这一模式的训练方式进行训练时,可参照学习者的教材,选取一两篇难度适中的材料进行训练。

在解说、示范、训练阶段结束之后,就进入了反馈总结的阶段。这一步,主要是对前面的操作过程和结果进行反馈和总结,并提供给学习者一些做笔记的小建议。让学习者根据实际情况对自己常用的做笔记的符号进行汇总,在之后的学习过程中,可以经常反复操练,达到对其的熟练运用。建议学习者使用一些自己经常使用的缩写方法,不能随意乱记或混淆记忆,以免在做题时出现理解或认识方面的错误。

五、提高英语听力教学水平的策略

多年来,有关听力教学的研究一直在不断发展,同时,吸收并融合了来自教育学、心理学、语言学、社会学等研究领域的成果。下面是人们从理论和实践中总结出的一些普遍认识,运用在教学中,能有效地促进听力学习。

(一)听说读写相结合

听力教学中的活动设计应尽可能和读、说、写相结合。语言的这些技能在本质上不是相互割裂的,实际上,这些技能都是语言能力在某个情境下、某个具体的语言使用中的表现。将这些技能相互结合起来运用在听力活动中,有利于学习者语言能力的全面发展。

（二）关注学习者的差异

世界是多样化的，学习者的听力能力发展也是如此。教师应充分考虑到学习者在学能、兴趣、能力、学习风格等方面的不同，在教学方法中体现出灵活的、因人而异的特点。

（三）注重语言点的学习

英语听力教学应注重语言点的学习，忽视篇章结构的整体分析；注重表层的理解，忽视深层的探究。课堂上提出的问题也应该大多是关于词汇用法和语言知识的。听力学习过程是语言学习过程的一部分，所以对听力材料中语言点的学习是不容忽视的。语言点一般包括值得重点关注的常用词和常见句式的意义、用法以及关键词或生词，或者是容易听错的地方。语言点的学习能帮助学习者注意词汇的发音、含义、用法以及句子的结构和含义等。在听力任务结束后，配合语言点的讲解，有益于语言知识的扩展和听力技能的提高。如果把听力练习只当作听力测试，那就只会在乎结果，只会在乎测试题的对与错，这样的练习往往使听者的水平难有本质上的改变。

（四）重视听力理解的质与量

人们都知道"提高听力水平要多听多练"的道理，但是，常常只重视了"量"而忽视了"质"。认清影响听力理解的因素对提高听力教学的质量具有非常重大的意义。对听力材料浅尝辄止，表面上理解了，但实际上似懂非懂，也不去深究，这样的听力训练并不能有效地提高基本能力。相反，我们应该针对一些理解中出现的问题进行深入的反思并配合专门的训练，这就是对"质"的重视。此外，重视"质"还意味着要重视听力理解的准确性。

提升听力理解应遵循以下五点原则：

一是在听力材料的选择上，教师和教材编写者应注意材料的难度，并且要着重根据语言习得的规律，选择略高于学生水平的可理解性输入。必要时，教师可以适当介绍一些与听力材料相关的背景知识。

二是就说话者特征而言，教师在选择听力材料时应该具有广泛性。说话者应既有女性也有男性，既有高级学者，也有普通大众，说话者的职业既有代表性也有普遍性。

三是就任务特征而言，教师应根据学生的需要设计丰富多彩的听力活动，提高学生的学习兴趣和积极性，避免听力活动的单一性。

四是学习者特征对听力教学的影响十分明显，教师在教学过程中除了要提高学生的兴趣和积极性之外，还要从各个方面挖掘学生的知识潜力，并培养学生的思考能力和推理能力。在课堂上，教师要创造一种积极向上的学习氛围，减少学生的心理压力和紧张情绪。

五是就过程特征而言，学生可以在教师的指导下，采用适合自己的听力策略。至于"自下至上"模式、"自上而下"模式和互动模式的选择问题，需要根据学习者所处的学习阶段及其认知能力和知识水平等因素来确定。

（五）遵循听力理解的认知过程

听力理解既包括"自下而上"的过程，也包括"自上而下"的过程，而且这两种过程之间还存在交互作用。遵循这一过程，教学中应兼顾两者，不能忽视任何一方。近年来，较多的注意力转向强调"自上而下"的处理过程，不能低估"自下而上"的处理过程。许多错误理解来自对语音和单词的错误识别，这些仅靠背景知识和策略是不容易弥补的。

第三节　英语听力教学的活动设计

本节主要讨论教师与学生之间以及学生与学生之间的互动交流活动。

一、抢答比赛

（一）抢先回答

抢先回答指的是教师提出问题，学生抢答，先答对者赢得比赛。在学生语言水平偏低时可以借助实物或图片做这个游戏。例如：

（出示鱼、鸟、青蛙图片）

T：Who can swim?

S1：Fish.

T：Who lives in the water?

S2：Fish and frogs.

T：Who can fly?

S3：Birds.

……

根据学生的语言水平，教师可以从不同的角度提出问题，也可以根据学生抢答的速度，随时调整提出问题的速度或问题的难易度。

该比赛可以在全班进行，答得既快又对的学生得到奖励，也可以两两学生比赛，输者出局，然后换另一个学生替换，接着抢答。

（二）判断正误

教师用语言描述，让学生判断正误。如果教师说的是对的，学生说"Yes"；如果教师说的是错的，学生说"No"。

（1）出示实物、玩具或图片，对它进行描述

例如：

T：（出小猴子玩具）This is a monkey.

Ss：Yes.

T：A monkey can climb.

Ss：Yes.

T：A monkey has a short tail.

Ss：No.

（2）就眼前所见描述

例如，可以对班级学生或教师进行描述：

T：Lily wears a dress.

Ss：Yes.

T：Lily wears long hair.

Ss：Yes.

T：Peter wears a skirt.

Ss：No.

需要注意的是，判断正误活动的主要目的是训练学生准确且快速地接收和理解语言输入并做出反应。因此，语言描述本身的正误要容易辨别，不能模棱两可。另外，在描述人物，特别是班里的学生时，要避免可能引起争议的描述，如"Peter is tall"，因为个子高矮是相对的。另外，也不能使用给学生带来窘迫的描述，如"Betty is fat"等。

二、抢先纠错

抢先纠错是学生非常喜欢的游戏。教师可以根据教学内容和教学目标的需要说句子或者语篇。在说话过程中故意犯错，让学生辨认错误并进行纠正，首先发现并成功纠正错误的学生赢得比赛。教师可以根据学生的语言水平决定所说句子或语篇的难易度，从借助实物、图片或视频组织这个游戏活动，逐渐向使用纯语言阶段发展。例如：

Thanks.The rabbit has long ears.The rabbit……

S1：The monkey.

T：Thank you.The monkey can climb up trees.

S2：Yes!

教师可以让英语水平比较高的学生当小老师，说句子并故意犯错让其他学生纠正；也可以把水平较高的学生和水平较低一些的学生分在一组，在小组内进行抢先纠错活动，而后选择小组在全班表演。这种抢先纠错活动也可以加大难度。例如：

（出示相关图片）

T：It is rainy today.

S：Sunny.

S：In the park.

T：Thank you.It is sunny today.Cathy and her parents are in the park.They are running on the path.

需要指出的是，教师所犯的错误应该是在意义层面，而非语法形式，以便引导学生在现实交际中关注意义而不是关注语法形式。另外，纠错活动为的是让学生练习听力，因此，教师所犯错误一定要客观，而不要使学生纠缠在对与错的判定中。

三、预测抢话

在现实交际中，说话者有时在说出一部分之后，会稍微放慢速度，甚至完全停下来，等待听者做出默契的预测反应。在许多情况下，本族语者可能只说前边几个字，让听者自己理解其余的部分。

例如，当我们听到说话者说"Once upon a time"，我们就会想到，一个童话或故事就要开始了，我们自然地就会想到 there was、there were 或者 there lived。

在现实交际中，教师经常需要根据说话者正在说的话预测他将要说的内容。在外语课堂教学中，教师可以组织预测抢话等课堂活动，培养学生对话语的预测能力。具体做法是教师说前半句，引导学生对后半句的内容进行预测，预测正确并抢先完成句子的学生为优胜者。

学生预测后做出的补充，只要意思正确就可以，而不是一定要与教师事先准备的答案完全吻合。

在学生英语水平相对较高的课堂上，教师可以说比较长的语篇或者播放录音，在合适的时候放慢速度或停下来，请学生预测。

预测抢话活动是学生非常喜欢的课堂活动，可以激发学生积极思考，也可以培养学生的反应能力。在训练听力的同时，发展思维能力和预测话语的能力。

四、猜谜语

猜谜语是典型的用简短语言做出言语回应的活动。教师可以根据学生的英语水平，编写难度和长度不同的谜语，让学生猜测。请看以下简单的谜语：

T：I'm an animal. I'm big fat and tall. I have a long nose. What am I?

S：Elephant!

在刚开始有能力做出言语回应的时候，也许猜谜语对一部分学生来说有一定的难度。这时，可以通过提供两个图片或者两个单词让他们选择其一的办法来降低难度。另外，多使用一些学过的相关内容作为谜语的内容，也可以降低谜语的难度。

随着学生英语水平的提高，教师也可以加入其他内容，把谜语的内容变得更丰富，语言的表达更准确，语篇更长、更复杂，培养学生理解复杂语篇并做出回应的能力。好的谜语本身就是一个很好的听力语篇，学生不仅可以练习听力，也可以提高英语语言综合运用能力。

五、视听活动

教师可以选择学生喜欢的英语故事或者喜欢观看的电影片段，以此为基础组织多种听力活动。这不仅可以培养学生的听力理解能力，同时，也可以引导学生在课外自主地收听或收看自己喜欢的英语节目。

（一）自下而上理解活动

1. 识别指定单词

简单的听力练习是教师事先给出将要播放的片段中的几个关键单词，分配给每个小组。在听到这些单词时，小组成员立刻重复这些单词。

需要注意的是，所选择的单词需要有概念意义，而且是在视频片段中说得比较清楚、响亮的单词。

2. 随机问题

在播放视频片段的过程中，教师突然按暂停键，就这个句子的内容问一个具体问题，随机问题不仅可以检查学生的理解程度和注意力，也可以训练学生的反应能力。

（二）自上而下理解活动

1. 排序

在播放完视频片段后，把其中出现的几个事件或故事情节打乱顺序，让学生按照视频片段中出现的顺序把它们连成语篇。正确的排序可以检查学生对内容的理解，也有利于培养学生的逻辑思维能力。

2. 比较

在播放完视频片段后，可以让学生对相同或相反的事件进行归类、比较等。

3. 陈述个人观点

观看视频片段结束后，教师可以组织小组活动，请学生就视频片段中的某一个人物、某一个事件或整个视频片段陈述自己的观点，也可以请学生提出片段中可以进一步改进的情节等。

第四章　英语口语教学概述

本章简要讲述英语口语教学的相关内容，从三个方面展开论述，这三个方面分别是英语口语教学的原则，英语口语教学的内容与目标以及英语口语教学的问题。

第一节 英语口语教学的原则

课堂口语教学的目标是培养学生的口语交际能力,即能够使用清晰、可理解的语音语调和正确的词汇、语法,以得体的交际方式与他人进行会话交际,或者以个人独白的形式流利地表达自己的思想。

为了成功地培养学生的口语交际能力,我们提出课堂口语教学必须遵循的三个教学原则:坚持在说中培养说、坚持"三重互动"交际模式以及坚持选择性纠错。

一、坚持在说中培养说的教学原则

(一)模仿和背诵并不是说

目前,有些学生,甚至小孩儿,可以完美地模仿电影配音,有些达到了以假乱真的程度,但是,他们却听不懂英语,也不能用英语表达自己的想法。这种模仿只能止于对语音语调的训练,而对于说英语却没有太多帮助。朗读和背诵不是真正意义上的说,而是鹦鹉学舌般地复制他人的语言和思想。因此,仅靠模仿和背诵不能获得真正的口语交际能力。

(二)在说中培养说的能力

具有交际意义的"说"指的是说话者使用语言与他人进行交流,建立和维护与他人的关系,表达自己的思想。说的过程反映了说话者思维和认知的变化,呈现了说话者的社会角色。只有满足表达交际意图的说才是真正意义上的说。

就像学习游泳需要置身于水中一样,培养听力理解能力也需要置身于目标语环境之中。同理,要学会游泳,不仅需要置身于水中,而且还要在水中游起来,在游的过程中学会游泳。同理,培养说的能力不仅需要置身于目标语环境之中,而且要在目标语环境中说起来,在说的过程中培养说的能力。

虽然母语和外语之间存在许多差异,但是开口学说外语不是一件十分困难的事。在小学英语教学起始阶段,只要教师说出一个目标语中的单词,甚至一个简单的句子，大多数学生都能够轻而易举地重复出来。如果教师组织适合学生初学水平的交际活动，他们很快就会进行简单的交际。如在第一节英语课上，几乎所有的小学生都能学会说"Hello!"和"Good morning!"等交际用语。如果选择合适的教学内容和教学方法的话，学生在第一节课上就能学会"潜对话"，如教师给出指令"Touch your nose"，学生就会理解并做出身体反应。

因此，教师要创设目标语环境，坚持在说中培养说的课堂教学原则，使学生在说中发展说的能力。

二、坚持"三重互动"交际模式的教学原则

在交际语言教学框架下，课堂是一个教与学的特定场所。在这个特定的交际场所，只有教师与学生、学生与学生之间进行不同形式的互动交际，才能完成课堂教学任务，达到培养学生交际能力的目标。

交际语言教学是当今外语教学界普遍认可的教学方法，但是，对于外语课堂上进行的交际，学者们的认识存在很大分歧。埃利斯对比分析了不同学者对于课堂交际的不同看法，他指出，有人认为外语课堂上的教学交际与课堂外的真正意义上的交际相去甚远，而有人却认为在外语教学课堂上可以提供真实交际的机会，就像在自然教学环境中也可以进行教学交际一样，在此基础上，埃利斯提出了自己的看法，他认为在外语课堂上，教学互动和真实互动都存在，只是二者所占比例的问题。[①] 在前人研究的基础上，范文芳提出，课堂是一个特定的交际场所，在这个特定的交际场所中呈现出三种交际模式：课堂交际、真实交际和模拟交际。[②]

（一）课堂交际

课堂教学具有教学的性质。课堂教学活动实际上是在课堂这个特定的情景中，为了完成教与学这一特定的教学目的而进行交际的场所。因此，课堂教学首先需要包含课堂交际。

[①] ELLIS, R.Under standing second language acquisition[M]. 上海：上海外语教育出版社，1999.
[②] 范文芳. 大、中、小学一条龙英语教学研究与实践 [M]. 北京：清华大学出版社，2005.

在外语课堂教学中，典型的课堂交际分为两类。一类是教师"满堂灌"模式，即教师利用自己的话语权为自己选择的言语角色是给予信息，如给学生讲解课文、讲解语法规则等。这时，教师是演讲者，学生是听众。教师"满堂灌"模式属于单向语言交际，不能为学生提供互动交际的平台，因此，很难培养学生的口语交际能力。另一类是教师与学生之间进行的互动交际。请看以下课堂教学片段：

T：（教师拿出一个玩具熊）Look.What's this?

Ss：Bear.

T：Yes，it's a bear.Say "bear".

Ss：Bear.

T：Good.

在以上对话中，教师明明知道自己拿的是 bear，却问学生是什么，这是典型的课堂交际，即为某一教学目的而组织的互动交际。这种教师明知故问式的师生问答互动是典型的课堂教学三话步互动交际模式。

事实上，这种以"这是什么？"为典型代表的明知故问式交际活动不仅发生在课堂教学情景中，也常常发生在现实生活中，尤其是在父母和孩子之间。在儿童习得语言的过程中，这种孩子和成人之间相互明知故问的对话并不罕见。对于孩子来说，这种明知故问常常是一种语言游戏，体现了语言的娱乐功能；而对于妈妈来说，却常常是为了教给孩子某些知识。

另外，这种明知故问的对话不仅出现在孩子和家长之间，而且出现在其他特定的交际情景中。例如，在工作面试时，多数时候，面试考官都事先知道申请者的姓名和基本情况，手中也可能拿着面试对象的相关资料，但是常常会让面试对象先介绍一下自己，包括姓名。我们把这种交际称为"面试交际"。同理，在英语课堂教学中，教师和学生之间进行明知故问式的互动是在课堂这个特定情景中进行的课堂交际，它是为了实现教与学这个特殊的交际功能而进行的交际，它同课堂外某些特定场景中的交际，如面试交际一样，都是一种特殊场景中的真实交际，我们把这种交际称为"课堂交际"。

（二）模拟交际

通过角色扮演进行模拟交际是外语课堂教学中常用的一种教学方法。在外语教学环境中，有大量教学内容都需要通过创设模拟情境，学生扮演角色进行模拟交际的方式来完成，如问路、野餐、商店购物、饭店订餐、飞机场安检等。

请一个学生扮演商店导购员，一个或几个学生扮演顾客进行像商店购物这类模拟交际活动。

在外语课堂教学环境中，模拟交际是一个包罗万象的概念。除进行任务型教学所提倡的课堂外真实场景的模拟交际外，也可以扮演故事或戏剧里的角色。学生的生理、心理特点决定了他们喜欢扮演的角色类型。一旦进入角色，他们就会认真起来，仿佛进入了真正的现实交际之中。

因此，教师要努力创设情境，让学生扮演角色并进行模拟交际。通过扮演角色，他们逐步理解、体验语言在各个不同的模拟场景中的使用，从而培养口语交际能力。

（三）真实交际

在英语课堂教学中，许多交际活动都是真实的交际活动。例如，在上课时和下课前师生之间的互相问候，以及在上课期间教师对学生的表现做出评价等。例如：

T：Good job. Here's a sticker for you.

S：Thank you.

T：You're welcome.

另外，教师用各种方式给出指令，如"Who'd like to read the words?""Who'd like to sing the song?""Work in groups please.""Talk about your hobby"等，这些无疑都是真实交际。

课堂上做游戏与在课堂外孩子之间，或者孩子与家长之间做游戏并没有本质上的区别，因为他们都是在真玩。例如，教师组织学生做"Simon says"游戏，教师发出指令，学生执行，当有学生做出错误反应时，教师说"Out!"，该学生就得出局，游戏继续进行下去。请看以下教学片段：

教师在教授与电影有关的课文之前,组织学生谈论各自喜欢的电影等。

总之,课堂是一个特定的交际场所。在这里,有教学所需要的课堂交际,有角色扮演所需要的模拟交际,也有教师与学生、学生与学生之间进行的真实交际。在外语教学中,教师要充分认识外语课堂教学中交际活动的多重特点,根据教学目标的不同,创设不同类型的交际场景,与学生进行课堂交际、模拟交际和真实交际活动,有效地完成教学任务,培养学生的语言交际能力。

三、坚持选择性纠错的教学原则

在交际语言教学框架下,从初始阶段开始,我们就要鼓励学生使用英语进行交际,在运用语言交际的过程中提高口语能力。

(一)从试验和犯错到验证和修正

一个人说外语的能力不是一蹴而就的,而是一个缓慢、渐进的发展过程。

在二语习得过程中,学习者的语言发展过程极其相似,他们所生成的语言呈现出规律性和系统性。二语领域研究者使用"中介语"(inter language)这个概念来描述这一现象。中介语指的是二语习得者所拥有的语言知识系统,这个系统在结构方面处于母语和目标语之间,使用中介语的过程是一个不断试验、犯错、验证和修正的过程。在这个过程中,二语习得者"不能从一个阶段跳向另一个阶段,而是需要十分缓慢地修正其中介语的语言系统,以便逐渐接近目标语系统"[1]。因此,存在错误的中介语是学习外语的必经阶段。使用中介语过程中所犯的不同错误标志着语言习得的向前推进,是语言学习进步的标志,是学习者对目标语的语言形式和功能所做出的创造性反应。中介语中错误的语言形式是学习者用来完成语言交际功能的临时性工具,最终会被正确的形式所代替。

(二)坚持选择性纠错的原则

习得二语中介语理论表明,在外语学习过程中,学生会犯各种各样的错误,语言的发展需要经历一个漫长的试验和犯错与验证和修正错误的过程。在这样一个过程中,学生的外语水平不断得到提高。因此,面对学生所犯的错误,教师要

---
[1] ELLIS, R.Under standing second language acquisition[M]. 上海:上海外语教育出版社, 1999.

采取理解和宽容的态度。但是，这并不意味着对所有错误都置之不理，任其发生，而是要采取一定的方式，帮助学生对某些错误进行纠正，顺利地完成中介语向目标语的发展。

在纠错时，通常我们需要从以下四个方面出发考虑：谁纠错、纠正何种错误、以何种方式纠错和何时纠错。对应这四个问题，我们提出一个总的纠错原则，即选择性纠错原则，作为指导教师纠错的依据。

关于这四个方面，教师在纠错时应该如何遵循选择性纠错原则，下面进行讲述：

1. 学生自我纠错优先

在"谁纠错"这个问题上，毫无疑问的是，我们要遵循以学生自我纠错优先的原则。同学习外语一样，在现实交际中，交际者也经常会犯错误。在犯错误之后，经常出现的纠错模式是说话者自己发现错误，或由他人提示后进行自我纠错。在课堂上，当学生出现错误时，教师不要急于打断学生的话进行纠错，而是要耐心等待，把发现错误和纠正错误的机会留给学生自己。

说话者自我意识到错误并进行自我纠错，比起由教师纠正错误具有更多益处。首先，自我意识并自我纠错使说话者觉得更有面子，符合人的心理需求。其次，自我意识并自我纠错的过程是习得语言的过程。习得比学习更具有内省作用，有利于内化语言。因此，当学生犯了错误时，教师不要急于纠正，而是要耐心等待学生，观察学生是否能够自我意识并自我纠错。

那么，教师耐心等待到什么时候才进行纠错呢？一般来说，教师纠错的最佳时机是学生以某种方式发出求助信号的时候。

总之，学生在交际中犯错误时，教师不要急于纠正，而是要耐心等待学生自我纠错，只有在确认学生没有能力意识并纠正自己的错误时，特别是当学生发出求助信号时再做出纠正。这样，教师便从一个掌握课堂话语权的统治者，转向一个分享话语权的会话合作者。

2. 意义纠错优先

在"纠正何种错误"这个问题上，毫无疑问的是，应该遵循以意义纠错优先的原则。

当学生的话语中出现发音、语法、语义、语篇、交际意义等不同类型的错误时，我们应该对影响意义表达的错误给出提示或者做出纠正。因为，与语法错误相比，学生更难意识到语义方面的错误。

与语法错误相比，语义错误更加难以辨别，也难以纠正。但是，语言交际的目的是表达意义，纠正语义错误的意义协商过程本身也能促进学生进一步理解语言使用的规则。面对学生所犯的语法错误和语义错误，教师要遵循意义优先的纠错原则，对引起语义误解或由于语义表达不清楚而影响继续交际的错误，与学生进行意义协商式纠错。

3. 隐性纠错优先

对于"以何种方式纠错"这个问题，教师应该优先选择隐性的方式进行纠错。

显性的纠错方式也叫直接纠错，是教师直截了当地告知学生所犯的错误。教师使用显性的方式纠错是英语课堂教学中十分常见的现象。显性纠错往往会使学生产生畏难情绪和自卑心理，造成以后不敢或不愿使用英语表达思想的后果，同时也没有给学生留出任何思考的余地，这样的纠错效果自然不佳。

与显性纠错不同，隐性纠错是以间接的、隐含的方式纠错。教师并没有直接指出学生的错误，而是以重述的方式纠正学生话语中的语法错误。这样，教师通过提供正确的语言输入，潜移默化地使学生习得正确的语言形式。这就是我们所提倡的隐性纠错方式。

4. 结束纠错优先

对于"何时纠错"这个问题，教师应该以结束纠错为主要纠错方式。结束是相对过程而言的，指的是在学生发言的过程中，教师不轻易打断学生的话语，尽量保证学生表达过程的完整性。也就是说，纠错行为最好发生在学生完成一个相对完整的意思后进行。当学生正在进行讲述之时，教师不要打断学生，而是要等到学生完成了整个话语后，再使用隐性的方式，纠正学生话语中的语法错误。

纠错是课堂教学中的一个重要环节，教师所采用的纠错手段对学生语言习得的过程具有重要的影响。在课堂教学中，教师要以科学的理论为指导，借助自身的教学观察，培养自己对错误的判断力，选择纠正学生错误的最优方式。

第二节 英语口语教学的内容与目标

一、口语教学的内容

（一）语音

语音是口语教学的重要内容，包括音节、重读、弱读、连读、意群、停顿、语调等。错误的发音或不同的语调会造成理解困难，甚至使听者无法理解。

（二）词汇

语言能力的培养是交际能力培养中至关重要的一环，而词汇则是交际活动得以实现的核心。口头的表达能力是一种创造性技能，在合乎交际礼仪的交流框架构建起来后，整个交流的空间就有赖于词语作为文化和思想的载体来填充。不难发现，在英语教学中，许多学生对单词的所谓"掌握"实际上只是一般性地识记汉语释义和拼写，而不能造出相关句子。也就是说，语言交际框架的最基础阶段和层次的问题没有得到解决，在这种情况下，学生的口语能力很难得到提升。

可见，学生口语能力差的主要原因就是词汇掌握程度差。从这个意义上说，口语教学的内容也应包含词汇教学。要强调词汇教学的交际化，口语教学须从语音，从单词的音、形、义的练习以及词的搭配、造句入手，不断扩展学生的掌握式词汇或积极词汇，这是口语教学一个十分重要的切入点，是提高学生口语能力的前提和关键。

（三）语法

在我国传统的英语教学中，语法教学一直处于中心位置。但是，语法教学中仍存在一系列的问题需要解决，如学生能够较熟练地解答语法选择题，但在口头或笔头交际中却不能熟练地应用。因此，语法教学也是口语教学的一个部分，或者说语法教学也应交际化。语法教学交际化需要完成三个方面的任务：训练学生听懂特定的口语句型、训练学生熟练地使用句型表达自己的思想、向学生讲授英语口语句型的特点并掌握使用。有的教师和学生把词汇教学、语法教学与口语教学对立起来,这是口语教学中的一个严重认识误区。

(四)会话技巧

语言学习的实质就是交际,在语言交际过程中如何达到有效交流,那就少不了一些技巧的运用,如邀请、请求宣布、失误补救等。

另外,还有解释、回避、转码、析疑等。

二、口语课堂教学的目标

不同层次的学生对口语教学的要求不同。《英语课程标准》对中小学口语教学的各个目标级别分别做出了具体的要求,介绍如下:

二级目标:

能在口头表达中做到发音清楚、语调达意;

能就所熟悉的个人和家庭情况进行简短对话;

能运用一些最常用的日常套语;

能在教师的帮助下讲述简单的小故事。

五级目标:

能与他人沟通信息,合作完成任务;

能在口头表达中进行适当的自我修正;

能有效地询问信息和请求帮助;

能根据话题进行情景对话;

能在以上口语活动中语音、语调自然,语气恰当。

八级目标:

能使用恰当的语调和节奏;

能根据学习任务进行商讨和制订计划;

能在日常人际交往中有效地使用语言进行表达。

《大学英语课程教学要求》对大学的口语教学做出了要求,具体如下:

一般要求：

能就日常话题用英语进行交谈；

能在学习过程中用英语交流，并能就某一主题进行讨论；

能经准备后就所熟悉的话题做简短发言；

能在交谈中使用基本的会话策略。

较高要求：

能用英语就一般性话题进行比较流利的会话，能基本表达个人情感和观点；

能基本描述事件，陈述事实，并且语音、语调基本准确，表达清楚。

更高要求：

能较为流利、准确地就一般或专业性话题进行对话或讨论；

能用简练的语言概括篇幅较长、有一定语言难度的译本或讲话；

能在国际会议和专业交流中宣读论文并参加讨论。

第三节　英语口语教学的问题

一、语言障碍

（一）听力理解障碍

听和说是两项不可分割的语言技能。在日常交际中，交际双方通过说话者和听者两种言语角色转换和话轮交替来实现双方的交际意图。

交际双方进行角色转换和话轮交替都是在理解对方话语的前提下进行的。因此，听力理解能力是口语表达的基础。学生听力理解能力低可能导致学生无法成功地进行口语交际。

在学校举办的英语辩论赛中，我们经常可以看到，参加辩论的双方辩手各执一词，滔滔不绝地陈述自己事先精心准备好的观点，但是对于对方的观点往往不予理睬。演讲中也会有类似的情况。演讲者慷慨激昂地演讲完毕后，面对评委的提问却往往不知所措，答非所问。这多是由于不能理解对方的语言而导致。听不懂是造成说不出或者偏离的首要原因。

（二）语言知识与技能障碍

关于语言知识与技能障碍，在前面听力问题部分我们已经讲述过了，在口语教学部分也有语音、语义、语体等方面的障碍。除此之外，在口语教学方面，学生还有交际策略方面的障碍。

在日常交际中，说话者和听者都需要运用一定的交际策略才能顺利地实现交际目的。例如，在说话过程中，常常需要穿插一些如 um、well、you know 和 I mean 等添加语，本族语者和非本族语者之间最明显的差异在于说话过程中的犹豫现象。在本族语者之间的谈话中一般不会明显地出现犹豫状况，因为，他们往往会通过灵活地使用填充语使语篇连贯，掩盖犹豫现象，而中国学生很少会使用类似的口语交际策略。

肢体语言的运用也是重要的口语交际策略。在说话过程中恰当地运用肢体语言有利于交际的顺利进行。中国大多数学生在口语交际过程中，倾向于单纯地使用语言，而不能自然巧妙地把口头语言和肢体语言结合起来进行交际。

总之，缺乏交际策略是学生使用英语进行交际的障碍之一。

二、非语言障碍

除语言因素外，一些非语言因素也对我国学生的英语口语能力发展产生阻碍，如学生的性格和情绪特征、学生使用英语的目的与动机等。

（一）性格和情绪特征

中国学生的性格相对含蓄内敛，即使口语水平较高的学生，在交际场合中也可能会选择沉默。在课堂上，如果教师请学生自愿回答问题的话，很少有学生举手。但是，当教师采取点名的方式强迫回答时，某些貌似不善言谈的学生却能给出令人惊喜的回答。也就是说，这些学生不是因为英语语言能力弱，而是其腼腆内向的性格和固有行为模式导致他们在人前选择沉默，不愿意主动表达自己的思想，不愿意主动与他人交流。

另外，一些英语水平较低的同学则常常表现出明显的焦虑、自卑、压抑等情绪。在课堂上，常常可以看到在教师提问的时候，有些学生会马上把头低下，避免与教师的目光相遇。课堂上紧张、焦虑、不自信的情绪也成为阻碍学生自由表达思想的重要因素。这就对教师提出了更高的要求：教师要营造平等、轻松、和谐的课堂氛围，为学生思想减负，鼓励学生大胆地表达自己的思想；在学生遇到表达困难时，积极提供有效的支持与帮助，使他们体验成功地表达自己的思想的喜悦，从而增强自信心，克服焦虑、自卑和压抑等消极情绪。

（二）目的与动机

学习动机可以分为工具型动机和融合型动机。持有工具型动机的人往往把学习英语的目的与升学考试或者职业发展等现实因素联系起来。因此，他们通常学习动机很强，对短期学习具有明显的促进作用。持有工具型动机的人通常带有功利性，学习效果持久度低。相比之下，持有融合型动机的人通常是出于对目标语文化的兴趣而学习，希望深入了解并融入目标语国家的文化之中。持有融合型动机的人，其学习通常不带有功利性，学习效果往往也会更加持久。

　　学习目的与动机方面的原因，造成学生在学习和口语交际中缺乏热情的后果，进而影响口语交际能力的提高。

　　总之，口语交际障碍不仅体现在语言方面，也涉及非语言方面的因素。教师应该充分了解学生口语表达的障碍，有针对性地采取措施，帮助学生克服困难，更加有效地提高学生的口语交际能力。

第五章　英语口语教学研究

进入 21 世纪，随着国际的交流与合作日趋密切，对国际化人才的需求量越来越大，从而对人们英语交流能力的要求也越来越高。本章从当前学生英语口语教学现状入手，总结相关基础理论，并提出了一些可以有效提高英语教学和学生英语口语水平的建议。

第一节　英语口语教学的基础理论

一、建构主义理论

英语口语教学需要有话题支撑，教学的过程需要教师和学生的交流与协作才能进行，学生的主体地位十分突出。建构主义教学理论在英语口语教学中具有很强的适用性。

建构主义是认知结构学习理论在当代的发展，它强调学生的巨大潜能，认为教学要把学生现有的知识经验作为新知识的生长点，引导他们从原有的知识经验中"生长"出新的知识经验。建构主义认为，学习是在社会文化背景下，通过人际的协作活动而实现的意义建构的过程。

（一）建构主义理论概述

1. 知识观

建构主义者一般强调，知识并不是对现实的准确表征，只是一种解释、一种假设，并不是问题的最终答案。而且，知识不可能以实体的形式存在于具体个体之外，尽管我们通过语言符号赋予了知识一定的外在形式，甚至这些命题还得到了较普遍的认可，但这并不意味着学习者会对这些命题有同样的理解，因为这些理解只能由个体基于自己的经验背景而建构起来，它取决于特定情境下的学习历程。学生对知识的"接受"只能靠自己的建构来完成，以他们自己的经验、信念为背景来分析知识的合理性。学生的学习不仅是对新知识的理解，而且也是对新知识的分析、检验和批判。

2. 学习观

建构主义者认为，知识不是通过教师的传授获得的，而是学习者在一定的情境即社会文化背景下，借助其他人（包括教师和学习伙伴）的帮助，利用必要的学习资料，通过建构的方式获得的。学习是个体建构自己知识的过程，这意味着学习是主动的，学生不是被动的刺激接受者，要对外部信息做主动的选择和加工，因而不是行为主义所描述的刺激—反应过程。而且，知识或意义也不是简单地由外部信息决定的，外部信息本身没有意义，意义是学习者通过新旧知识经验间反复的、双向的相互作用过程建构而成的。其中，每个学习者都在以自己原有的经验系统为基础对新的信息进行编码，建构自己的理解，同时，原有知识又因为新经验的进入而发生调整和改变，所以学习并不是简单的信息积累，它也包含由于新旧经验的冲突而引发的观念转变和结构重组。学习过程并不只是信息的输入、存储和提取，而是新旧经验之间双向的相互作用的过程。

3. 课程观

建构主义者强调，用情节真实、复杂的故事呈现问题，营造解决问题的环境，以帮助学生在解决问题的过程中活化知识，变事实性知识为解决问题的工具，主张用产生于真实背景中的问题启发学生思维，并以此支撑和鼓励学生进行解决问题的学习以及进行基于案例和项目的学习，进而以此方式参与课程的设计与编制，主张课程既要基于学科，又要超越学科，面向真实世界，从而使教学始于课堂，走出课堂，融于社会。

4. 教学观

建构主义者强调，教学通过设计重大的任务或问题以引导学习和支撑学习的积极性，帮助学习者成为学习主体。建构主义学习环境由情境、协作、会话和意义建构四个要素构成。其中，情境是意义建构的基本条件，教师与学生之间、学生与学生之间的协作以及会话是意义建构的过程，而意义建构则是建构主义学习的目的。

5. 学生观

建构主义者强调，学生并不是空着脑袋走进教室的。在日常生活中，在以往的学习中，已经形成了丰富的经验，往往会依靠他们的认知能力，形成对问题的某种解释。而且，这种解释并不都是胡乱猜测，而是从他们的经验背景出发推出的合乎逻辑的假设。所以，教学要把学生现有的知识经验作为新知识的生长点，引导学生从原有的知识经验中"生长"出新的知识经验。

（二）建构主义理论的应用

基于建构主义教学观的理论，产生了一系列不同于以往的教学模式。

1. 情境性教学

情境性教学强调教师在课堂教学中展示与现实中专家解决问题过程相类似的探索过程，提供解决实际问题的原型，并指导学生的探索；强调以模拟真实性任务供学生了解自己所要解决的问题，以整体性、复杂性、挑战性任务激发学生学习的内部动机，培养学生解决问题的能力。

显然，情境性教学的仿真性应是英语口语教学竭力追求的教学思路。当前普遍的英语口语教学模式是仿真性探索过程或原型式问题解决过程的展示。只要看看外文书店货架上琳琅满目的音像口语教学材料，我们就能感受到人们单纯依赖英语口语教材的时代已经一去不复返。情境性教学理论对于我们转变学习观、教学观具有重要的现实意义。

2. 支架式教学

支架式教学模式是针对教师和学生在教和学的过程中所起的作用而言的。教师引导着教学的进行，辅助学生掌握、建构和内化所学的知识技能，从而使学生进行更高水平的认知活动。也就是说，通过"支架"（教师的帮助）把管理学习的任务逐渐由教师转移给学生自己，最后撤去"支架"。

具体到英语口语教学，教师的引导和辅助作用也十分重要。克拉申的输入假设理论认为，成人语言习得需要在课堂上尽可能多地接触可理解的语言输入。尽管目前理论界对于克拉申的理论颇多质疑，但我们无法否认英语学习中语感的存在，无法否认大量输入对于语感形成的重要作用，因此，大多数教师还是倾向于学生外语学习中习得与学习并存的说法。联想到我国英语教学法在传统教学法与交际教学法之间如何做出选择的问题，我们不应该非此即彼，而应依照不同的原则，把二者有机结合起来。在英语口语课堂教学中，教师必须做的就是让学生理解语言输入，进而保证学生从"i"阶段移向"i+1"阶段，即按某种自然顺序习得的阶段。而如何把握"可理解"的尺度是非常关键的，是非常需要教师发挥其"支架"作用的。

3. 随机进入式教学

随机进入式教学是指对同一内容、不同时间、不同情境，基于不同目的，着眼于不同方面，用不同方式多次加以呈现，以实现学习者对同一对象全方位、多方面的理解。

二、输入—输出理论

（一）输入理论概述

"输入"这种教育教学理念在英语教学与研究领域一直受到广泛关注。作为语言习得的前提和必要条件，学者们就其在语言习得过程中的地位进行了论述。在关于输入的众多理论研究中，最具影响力的是美国学者克拉申在1985年提出的"输入理论"。克拉申在其"输入理论"中指出，"可理解性输入"是二语习得的唯一条件。"可理解性输入"指的就是整体难度不超出外语学习者的基本能力和理解范围，但又稍稍高于学习者的现有水平的语言输入，前面我们已经讲过其用公式表示就是"i+1"，其中"i"代表学习者目前的知识水平和能力，"1"代表略高于学习者目前知识水平的语言知识，"i+1"表示学习者习得后略高于原来水平的语言能力。克拉申认为只有提供给学习者高于目前语言水平的可理解性输入，语言的习得才得以发生。对于"i+1"的知识内容，学习者根据具体语言材料提供的情境则能自然而然地习得语言，语言能力的提高也因此自然而然地发生。

克拉申认为可理解性输入应具备以下四点特征：

1. 可理解性

可理解性的输入是产生语言的前提和要素，不可理解性的语言对于语言习得是毫无用处的。为语言学习者提供的语言材料及创造的语言环境应是可理解性的，只有这样，学习者才能根据自己现有的语言水平有选择性地获取新的语言知识，从而推动语言能力的进一步提升。

2. 非语法性

语言材料和教学内容的安排没有必要按照语法要求编排，这样做的目的是帮助学习者把注意力放在具体语言使用环境中的语言交流上，避免学习者把注意力过度集中在语言形式的安排上。

3. 关联性

用于输入的语言必须要与学习者有一定的关联性，只有这样，学习者才能够在相关背景知识的帮助下自然而然地习得语言。

4. 充足性

学习者语言知识的输入要充足并且高于当前语言学习者的语言水平，只有充足地高于现有语言水平的输入才可以促使习得的产生。

（二）输出理论概述

克拉申的输入理论认为可理解性输入是语言习得的唯一条件，至于输出，只是输入的自然结果，对语言习得没有直接作用。针对克拉申提出的语言"输入理论"中的不足，语言学家斯温提出了"输出理论"。输出理论是他对于以英语为母语的学生开设的法语语法课程的研究中提出的。他指出，学生在进行外语学习的过程中经常会犯一些语法错误，这种现象出现的原因并不单纯是学习者的语法基础较差，另外一个通常被教育者忽视的原因是课堂上绝大多数时间教师都在进行输入式的教学，学生很少用目的语言进行交流，教师反馈也不成系统。他的输出理论认为，语言的习得不仅需要输入，输出也是必不可少的一个环节。可理解性的输出不仅可以锻炼语言学习者的流利性，对于提高学习者的语法准确性也有重要意义。

在输出理论中，可理解性输出对于语言的习得具有三种功能，分别是引发注意功能、验证假设功能和元语言功能。

（三）"输入—输出"理论对英语口语教学的启示

1. 完善可理解性课堂输入

学生在口语表达中遇到的最大问题通常是无法用现有的语言知识表达自己的观点和想法，究其原因是语言输入太少，输入量不足，无法促进输出。克拉申指出了"可理解性输入"对于语言习得的重要意义。英语口语教学改革的首要任务就是完善和加强可理解性的课堂输入。

根据输入理论的要求，提供给语言学习者的输入须是可理解性的，因为根据输入理论，只有可理解性的输入才能有效促成语言习得。因此，英语课堂上的语言输入首先需符合学生的实际语言水平，根据学生现有水平进行输入材料的选择，因材施教。输入材料既要符合学习者的现有水平，又要在一定程度上超出学习者目前的口语水平，这样的输入更有针对性。

另外，丰富的输入材料对于输入是必不可少的。克拉申的"i+1"公式明确指出高于学习者目前水平的输入量的必要性。多种多样的阅读材料和听力资源都是输入的有效途径，教师可以不拘泥于教材，向学生推荐一些知识性、趣味性、前沿性都很强的阅读听力资源，如可以让学生阅读英语报纸、杂志，观看英文电影和电视节目、收听英文广播等，这样能有效地补充课内输入单一性的不足，使学生接触到地道纯正的英语表达，通过课内外输入尽可能多的语言知识，以促进口语输出的产生。

2. 多种途径推动语言输出

根据输出理论，进行"可理解性输入"之后，大量"可理解性输出"对语言习得也起着关键性的作用。对于英语口语教学来说，形式多样、行之有效的口语输出方式至关重要。教师要为学生营造一种轻松的、无压力的交流氛围，充分考虑到学生的个体差异，重视对于学生的鼓励和自信心的培养，使学生在宽松的课堂环境中进行有效的口语输出。

在英语口语课堂改革中，教师应不断探索多样性的输出形式，力争在有限的课堂时间之内，提供给学生更多的输出机会。分组讨论、故事复述、图片描述、定题对话、英文歌曲比赛、短剧表演等课堂活动都是很好地培养学生口语表达能力的输出方式。在学习者输出的过程中，他们在特定语境中意识到自己目前的语言水平与目标语之间的差距。这些差距能充分引起学习者的注意，推动学习者进行语言输出，并在输出的过程中不断验证假设，促使学习者不断完善自身的语言结构，从而达到语言能力的习得。

3. 完善英语口语测试体系

测试是输出过程中的重要环节，比较我国现行的各类语言类测试，会发现现行英语考试中，英语口语测试并没有引起足够的重视，极大限制了英语学习者口语水平的发展。现行影响力最大的中考，高考，大学英语四、六级考试，专业英语四、八级考试，都没有对于口语的考察环节（即使个别考试有口语测试的环节，也只是针对极少数成绩较高的同学而设置的测试）。现行英语考试设置对于口语测试部分的忽视，无疑会把绝大多数英语学习者的学习重点引向阅读或者听力、写作，而忽视了口语表达的重要性。

输入输出理论作为语言习得的全新视角，在如何加强教师与学生之间、学生与学生之间的互动，如何提升学生的学习动机和积极性，如何设计以输出为目的的教学活动等方面都具有重要的启发性作用。如果将输入输出理论应用到英语教学实践和改革中，可以完善可理解性的课堂输入，并且探索多种途径，推动学习者的语言输出。输入输出理论作为一种全面的视角和教学思路在英语口语教学改革及整个英语综合教学模式探索方面都有一定的启发和借鉴作用。

另外，二语习得理论也属于英语口语教学的基础理论，鉴于前面已经叙述，此处不再赘述。

第二节 英语口语教学的策略探讨

要使得口语教学良好进行,从总体上来说,可以采取以下这几种措施:

一、总体措施

英语口语能力的提升是英语教学的重要组成部分,也是社会不断发展、经济全球化和学习者自身生存发展的要求。我们应不断地对英语口语教学进行研究与探索,从而积极推进英语口语教学的进步,从根本上提高学生英语口语的应用能力,最终达到能够自由交际的目的。

(一)营造良好的口语教学氛围

营造良好的口语教学氛围能够更好地让学生体会到口语学习的重要性,认识到口语在实际中的具体应用。营造教学氛围主要从以下两个方面采取措施:

首先,要创设轻松、愉快的英语口语课堂教学氛围,教师要多与学生进行沟通和交流,强化教师与学生之间的情感维系,增加学生对英语口语学习的情感,通过情感迁移来营造轻松、愉快的口语课堂教学氛围。

其次,口语能力的提高需要大量、反复地实践,仅靠课堂上的训练是远远不够的。学校也要通过多种措施,如发展英语口语学习社团、定期举办英语口语大赛以及建立英语口语交流平台等,通过多种措施营造良好的英语口语课外教学氛围,激发学生说英语的欲望。需要注意的是,英语口语教学还可以与学生未来的就业环境进行结合,根据学生的专业学习情况,模拟就业教学情境,让学生在模拟的环境中练习口语,为以后的就业奠定良好的基础。

丰富多彩的英语课外活动发挥着独特的作用,不仅创造英语交流的语言环境,将口语技能训练融入多个任务中,而且为学生锻炼和提高口语表达能力创造更多的平台和锻炼机会,更激发了学生学习英语的兴趣和热情。

(二)丰富英语口语教学方式

尽管在实际教学过程中,教师都有意以学生为中心,但课堂仍然是以教师为中心完成的，教师准备话题、设计活动、指导学生思维取向。学生被禁锢在教师设计好的任务中没有自主权，也就容易失去练习的兴趣。英语口语课堂最后也沦为"教师教之无色，学生学之无味"。这种状况严重束缚了学生的积极性和主动性，同时，也影响了教师的自身发展。学生学习英语和练习口语的主要环境就是课堂，而当前大多数英语课堂中存在的问题是缺少让学生用英语表达的机会，有限的口语练习也多是在教师控制下的程序性和机械性的操练，缺乏师生和生生之间情感和思想上真正有意义的交流。由于前述许多条件的限制，我们迫切需要构建新型的英语教学模式。

1. 模仿跟读式教学

跟读技巧英语叫"shadowing"，一开始是为了解决口疾的问题，后来被用于第二外语的学习。"shadow"是影子，跟读技巧基本上就是语言模仿。跟读可以帮助学生做两件事情：第一件是训练耳朵正确地听清楚语音、语调、语速，第二件是改善自己的英语口音，并且帮助训练嘴巴的肌肉如何讲好英语。跟读技巧分为三个步骤：一选择，二理解，三模仿。选择要从三个方面着手：难度方面要选择符合自己程度的，不要太难或太简单，可以比自己的程度稍微难一些；内容方面可以选择有字幕的电影或有CD的杂志，有逐字稿的播客（podcast），因为跟读需要反复许多遍，尽量选择自己感兴趣的主题；理解主要是阅读和听力两个方面，如果选择的是影片，要理解中英文字幕，整部看懂，如果选择的是杂志，要查好单词，整篇看懂，如果选择的是播客，要研究逐字稿，整集看懂。阅读完全弄懂后，开始用听来理解目标，用听就可以理解大致内容，如果反复听还没有理解，就是内容难，应该选择简单的内容。模仿分为四个级别，包括逐步跟读、同步跟读、有稿跟读和脱稿跟读，依照难度排列是有稿逐步、有稿同步、脱稿逐步和脱稿同步。逐步跟读是听一句，跟一句，断句不要太长；同步跟读是同时进行跟读，一开始比较困难，但经过反复练习会非常有效；有稿跟读是看着逐字稿或字幕跟读；脱稿跟读是直接跟读，几乎背下来，尽量跟题材语音语调都要一致，抓住语言的节奏。跟读时可以把自己的练习录下来，检验自己的模仿是否到位。对已有的对话进行学习模仿，积累实用的词汇、短语与句子，然后可在此基础上对所学内容进行创造性发挥，以实现活学活用的目标。

2. 娱乐式教学

大部分学生都喜欢做游戏，富有活力的游戏能够调节课堂气氛，使课堂活起来。游戏的设定要为课堂服务，不是单纯的为娱乐而游戏，要寓乐于学。例如，"Who Am I"这个游戏设计就是为了让学生把学到的四大名著的英文说法加深记忆，以愉快的方式记忆与运用。"传声筒"这个游戏则是在练习学生听力和记忆能力的同时让学生开口去练习口语。同时，角色扮演与话剧表演可以选择教材中使用的对话或者网络上存在的英文剧本。除此之外，更鼓励学生自己进行剧本创作。表演式教学在增加教学趣味性的同时，更是提供给学生交流与协作的机会，在这准备过程中，学生之间互相指导、互相学习，充分发挥自己的主人公地位。通过表演式教学对应渗透一些英美社会文化习俗知识，以拓展学生文化认识以及跨文化能力。

3. 互动式教学

影视教学的小组分享、话题的分组讨论、演讲讨论与辩论赛等形式在锻炼口语的同时培养学生语言交际能力、思辨能力以及独立处理问题的能力。辩论赛话题的选择可以与学生的学习生活相关，或者选择一些社会热点问题和学生感兴趣的话题。

（三）强化英语教师教学能力

教师的口语水平和教学能力是影响英语口语教学质量的重要因素，为了更好地提高英语口语的教学效果，需要建设一支高水平的口语教师队伍。首先，学校要定期针对英语教师组织英语口语研讨会和英语口语大赛，强化英语教师对自身口语能力的提升，并且通过这些活动，在学生面前展示口语的魅力，让学生对口语学习有着更加浓厚的兴趣。其次，教师要积极参与到社会实践中，提高自身的英语口语实践能力，并且通过社会实践，了解当前经济社会的发展对人才英语口语能力的要求，能够在英语口语教学过程中更好地结合实际开展针对性强、适用于应用实际的口语教学活动。教师口语水平会对英语口语教学效果产生直接影响，学校要注重高水平教师队伍的建设，为学生提供更好的教学指导。

二、具体方法

（一）互动教学法

互动教学法具有显著的特点：强调学生的主体性、教学组织方式多样，能够有效利用课堂时间向学生传授语言知识。在英语口语教学中，如果互动式教学法运用恰当，就能有效激发学生的兴趣，打破"哑巴英语"，帮助提高学生的口语表达水平，从而提高英语口语教学效率。教学改革背景下，英语口语教学中采用互动教学法意义重大。

具体而言，互动教学法在英语口语课堂教学中的操作包含课前、课中、课后三个阶段的活动。

1. 课前

课前充分而周密地备课是教师的必要工作，尤其是与客体有关的口语会话材料的准备十分必要。这些材料应分给学生每人一份。这样，语言材料可以丰富学生的口语表达，帮助学生积累表达素材，避免学生处于被动状态。

2. 课中

在英语口语课堂教学中，教师可将本课的会话情境介绍给学生，让学生独立思考并联想与该情境相关的词汇、短语。然后，教师将可能用到的词汇和短语呈现在黑板或 PPT 上，选出一个词语让学生判断和解释其意思。当该学生解释完毕之后，教师可让其他学生对已给出的信息进行扩展。在解释和扩展的过程中，学生的英语口语表达能力得到了培养与提高。

3. 课后

课堂教学完毕后，教师可给学生布置一些特定的话题或情境，让学生在课后进行口语练习。需要注意的是，教师所布置的话题或情境要与课堂内容相关，以使学生在课堂上学到的表达能力得到巩固。在下节课教授新内容之前，教师可花一些时间检查学生的课外练习情况。这样不仅为学生提供表现的机会，调动学生学习的积极性与主动性，还可以通过反复地巩固和使用促进学生口语水平的提高。

（二）功能评价法

英语口语教学中的功能评价法，可分为形成性评价与总结性评价。

1. 形成性评价

形成性评价可以是课堂教学过程之中的评价，也可以是学习者在整个学期中口语发展的历程性评价。

在形成性评价中，教师应将课堂教学的目标分解成几个阶段性评价目标，并设计相应的评价活动。根据形成性评价的要求，教师应通过建立学习文件夹、功能发展、自我监控、学习者会议、学习日志等对学习者的功能学习进行评价。形成性评价的目标在于诊断学习者是否完成了阶段性目标。如果没有完成，需要找出其影响因素以及决定应如何开展下一步活动。

2. 总结性评价

总结性评价可以是课堂教学中的目标达成评价，也可以是学期结束时的口语能力评价，同样也包括水平测试中口语部分的语言功能应用能力的评价。学期结束时的口语能力评价和水平测试中的口语评价都是总结性评价，同时也属于交际能力评价的范畴。交际能力的评价一般采用两种形式：整体评价与分项评价。不管哪种形式的评价，必须遵循真实性原则和任务性原则。也就是说，交际能力评价采用真实性评价的理念，通过学习者完成真实的交际任务，对学习者的交际能力以及功能实施能力进行评价。需要注意的是，水平测试中的交际能力评价需要采用统一的评价标准。

（三）文化导入法

文化语言学认为，语言之中蕴含着文化，且无法脱离文化而存在。文化也正是造成不同语言之间差异的关键因素，对一门语言的研究和学习必然要涉及其中的文化，文化是英语教学必不可少的一部分，英语口语教学也是如此。在教学改革背景下，英语口语教学更应将文化和口语教学结合起来，利用文化导入的方法来教授英语口语。下面重点分析英语口语教学中文化导入的内容及方式：

1. 文化导入的内容

在英语口语教学中，教师要从词语文化和话语文化两个方面进行文化导入。

词语文化导入的内容主要包括词语在文化含义上的不等值性、字面意义相同的词语的不同文化含义，以及民族文化中特有的事物与概念在词汇上的呈现。话语文化导入的内容主要包括话题的选择、话语的选择、话语的组织。

通过上述两个方面的文化导入，学生可以更好地理解文化对语言的影响和制约作用，提高学习效果。

2. 文化导入的方式

文化导入的方式多种多样。下面就来介绍一些常用的文化导入方式：

（1）通过教材导入

通过教材导入是一种最自然也最直接的文化导入方式。具体来说，在口语教学过程中，教师可在教学目标的指导下，结合教材向学生提供一些相关的文化知识，扩大学生的视野和对文化的理解和认识。例如，在一节关于饮食的口语课上，教师可向学生介绍一些西方的饮食文化，并为学生补充一些相关词汇和常用语句。

（2）通过多媒体导入

中国学生的英语口语学习有一个极大的不利因素——缺乏大的英语环境。英语环境的缺乏导致学生无法全身心地感受英语及英语文化，对学生口语表达能力的提高具有一定的阻碍作用。对此，教师可以将多媒体引入教学中，这样可以弥补没有真实情境的缺陷，真实地再现情境，使学生身临其境地感受英语及英语文化，增加学生之间的互动交流，从而有效激发学生的学习热情。

（3）通过对比分析导入

对主体文化与客体文化进行对比分析是文化导入的一个十分有效的方法。具体来说，教师可以提前给学生布置任务，要求学生在课前查阅相关资料，为课堂学习做好充分的准备，在课堂上让学生轮流讲解，必要时教师可进行适当补充。这种方法对于激发学生的积极性以及培养学生的自主学习能力都十分有利。

（四）3P 教学法

3P 教学法是在 20 世纪 70 年代形成的交际语言教学模式（即 CLT 模式）下的产物。3P 教学法把语言教学分为三个阶段：演示阶段（presentation）、操练阶段（practice）、成果阶段（production）。在 3P 教学模式中，任务通常体现为成果阶段中的综合运用式练习，用来巩固所学的词汇、语法结构或语言功能。教师采用这一模式能够比较容易地对课堂进行组织和控制，学生的一切学习活动和学习过程都是在教师的预想之中，从而有利于提高课堂教学效率。

下面就对3P教学法在英语口语教学中的操作步骤进行具体描述：

1. 演示阶段

在演示阶段，教师通过解释、示范、举例、角色扮演等方式向学生介绍新的语言项目，包括语法、句法、会话技巧、功能等，这样能使新的语言知识的呈现在有意义的语境中进行。需要注意的是，在这一阶段，教师要确定课堂的教学内容和教学目标。在呈现语言的过程中，教师一方面要确保能使学生集中注意力，另一方面要检查他们是否能真正听懂并理解新的知识点。

2. 操练阶段

在操练阶段，教师要尽可能多地给学生提供机会，通过各种形式的练习让学生进行内容展示，如采取句型操练等。需要注意的是，练习的程度应该是由易到难逐步加深。教师对活动的引导也应逐步由控制到半控制，从而使学生的自主性得到不断提高，旨在训练学生使用语言的准确度。

3. 成果阶段

在成果阶段，教师要给学生提供机会，将其所学到的语言知识和交际技能融入已有的知识之中进行综合运用，以达到学生可以在自己语言能力范围内自由运用语言进行交际的目的。这一阶段如果操作得当，不仅可以使学生对口语学习产生浓厚的兴趣，而且能调动学生的积极性，达到学以致用的目的，从而使学生获得成就感。

3P教学法的上述三阶段教学程序清楚、明确，各阶段也都有其中心目标，不仅注重语言使用的准确性，同时也关注语言使用的流利性。因此，在英语口语教学中，采用3P教学法具有十分重要的意义，不仅有助于提高学生运用语言的能力，还符合教学改革的要求。

第三节　英语口语教学的活动设计

在英语课堂口语教学中，教师要组织多种多样的教学活动，培养学生的口语交际能力。在本节中，我们提供三类口语教学活动，即语音训练专项活动、模拟交际活动和真实交际活动。这三类口语活动又分别包含了多种活动形式。

一、语音训练专项活动

在我国外语教学环境中，对绝大多数学生来说，从英语本族语者那里直接习得语音语调的机会很少。在这种情况下，模仿本族语者的录音就成为培养学生正确的语音语调的主要方式。在日常课堂教学中，除有意识地培养学生模仿本族语者录音的习惯外，教师也可以组织一些训练学生语音语调的专项活动，如模仿秀、拍手说歌谣、说绕口令和唱歌等。

（一）模仿秀活动

模仿秀活动所使用的录音材料可以是所学课文，也可以是从网络资源中选取的一些适合学生英语水平、接近学生认知水平，并且学生感兴趣的影音材料，如故事、电影片段等。模仿录音可以在课堂上进行，也可以让学生在课下自己练习，而后在课上向全组或全班展示。每学期举办一次模仿秀比赛活动可以提高学生对语音语调的重视程度，培养学生模仿本族语者语音语调的习惯，促进良好的语音语调的形成。

配音是一个具有代表性的模仿秀活动。随着现代科技的发展，英语学习的网络资源愈加丰富。指导学生观看英语情景剧、电影等视频节目，选择其中某个片段进行模仿练习，而后进行配音活动，对于提高学生的语音语调以及语言的流畅性可以起到重要作用，同时有助于激发学生的学习兴趣。

现在有许多操作简单的手机App（第三方应用程序）配音软件，这些配音软件按照话题、难度、时长、题材、角色类别等进行分类，可以作为配音资源。借助App模仿、跟读、录音，可以调动学生模仿的积极性，有助于语音语调的训练。配音可以是小组合作扮演角色，也可以是学生的个人独白。配音任务完成后可以请学生在课堂上表演，也可以把配音作品分享在班级的微信群里。另外，在请学生进行模仿之前，教师可以针对影音材料中的某些重点和难点部分进行一定的指导。

需要指出的是，对于大多数学生来说，成功地完成一项配音任务并不是一件简单的事，往往需要花费许多时间。因此，用于模仿秀活动的影音材料一定不要难度过大，通常的做法是请学生自主选择其中的一个段落进行模仿，切忌让学生模仿难度过大或者让学生整篇进行模仿甚至背诵。

另外，模仿录音、配音的主要目的是训练语音语调，不管学生模仿的录音多么逼真，也不能代表学生说英语的能力。因此，在指导学生模仿录音、配音活动的同时，绝不能削弱互动交际活动。

（二）拍手说歌谣

儿童歌谣是训练句子重音、韵律节奏和语调的重要手段。

英语歌谣中的节奏具有以下几个特点：第一，歌谣是以行计算的。在同一首歌谣中，每行或隔行中的音步一样多，每个音步所占的时长一样。第二，用拍一下手的时间来表示一个音步的长度。一行包括几个音步，我们在说这一行时就拍几下手。第三，有的歌谣以重读音节开始，其音步呈"重读+轻读"模式；有的歌谣以弱读音节开始，这时要以"弱起"开始，而后进入"重读+轻读"模式。第四，重读部分只能有一个重读音节，在落下手时完成，而轻读部分可能只有一个音节，也可能包括几个音节。不管这个轻读部分包括几个音节，都需要在提起手时完成。这时，这些轻读音节需要读得轻、短而且快，同时，音节之间的连读非常重要。第五，有时，音步的轻读部分没有任何音节，因此视其为空拍，即提起手时保持沉默。请看以下歌谣：

    Good better best.

    Never let it rest.

    Till your good is better.

    And your better is best.

以上歌谣由四行组成，每行包括三个音步，其音步模式为"重读＋轻读"，即我们在说每行时需要拍三下手。说每个音步时，落下手时说这个音步中的重读音节，提起手时说这个音步中的轻读音节或空拍。在第一行中，Good、better 和 best 三个单词各为一个音步，各个音步中的重读音节分别为 Good、"bet-"和 best，各个音步中的轻读分别为空拍、"-ter"和空拍，即第一个音步落下手时说 Good，提起手时为空拍（保持沉默）；第二个音步落下手时说"bet-"，提起手时说"-ter"；第三个音步落下手时说 best 提起手时为空拍（保持沉默）。同理，在第二行中落下手时分别说"Nev-"、let 和 rest 提起手时分别说"-er"、it 和空拍（保持沉默）。在第三行中，落下手时分别说 Till、good 和"bet-"提起手时分别说 your、is 和"-ter"。在第四行中，落下手时分别说 And、"bet-"和 best 提起手时分别说 your、"-teris"和空拍（保持沉默）。

拍手说歌谣是训练句子重音、韵律节奏和语调的重要途径。学生们一边拍手一边说，在轻松愉快中感知英语的优美旋律，逐渐习得英语的语音语调。

（三）拍手说绕口令

绕口令除像歌谣那样可以用来训练口语的重音、韵律节奏和语调外，也可以用来集中训练某些音位的发音，因为绕口令主要是以某个音位为主设置绕口效果的。另外，成功地说绕口令也可以增加学生说英语的乐趣，提高学生说英语的自信心。因此，教师可以选择一些难度与学生语言水平接近的绕口令，指导学生进行练习。

绕口令比韵律诗的难度要大得多。因此，开始时可以选择一些简短的绕口令，说得慢一些，但是一定要确保重音、韵律节奏、语调正确，例如：

Haste makes waste.

这个谚语可以作为绕口令来练习元音 /ei/ 的发音。它包括三个音步，即 haste、makes 和 waste，其音步模式为"重读＋空拍"：落下手时分别说 haste、makes 和 waste，提起手时三个都是空拍，即保持沉默。开始时说得慢些，熟练后再加快速度。用同样的方法，从慢到快说一些较长的绕口令。例如：

A snake is sliding across the street.

以上绕口令用来练习辅音 /s/，它的音步模式是"（弱起）重读 + 轻读"。它包括四个音步，分别是（弱起 A）snake is、sliding a-、cross the 和 street，等学生说熟练后再加快速度。

英语中有些音位的发音对中国学生来说是比较困难的。我们可以通过练习不同的绕口令来分别练习不同的发音。

需要指出的是，无论是说歌谣还是绕口令，我们都应先指导学生听录音进行模仿，以便他们能够以正确的语音语调自如地脱口而出。

二、模拟交际活动

模拟交际活动是外语口语课堂教学中一种不可或缺的活动形式。模拟活动主要分为两大类：一类是模拟真实情景活动，另一类是表演活动。

（一）模拟真实情景活动

模拟真实情景活动中的"真实情景"指的是课堂外真实世界的情景。模拟真实情景活动就是创设课堂外的真实情景，如购物、饭店点餐、问路、医院看病等，让学生通过角色扮演模拟这些场景中的活动。这些真实情景，实际上就是任务型教学中所提倡的任务。

模拟活动是学生最喜爱的课堂活动之一。学生在模拟的情景中十分投入地进行角色扮演，积极表达思想，主动进行互动交际。相对于过去听说法影响下的机械操练和死记硬背来说，模拟真实情景活动给外语学习带来了质的飞跃，有利于培养学生使用英语进行交际的能力。

（二）戏剧表演

戏剧表演是一种集语言和表演艺术为一体的活动，是培养学生在情景中理解和运用语言的重要手段。戏剧表演既是表演的艺术，也是语言的艺术。戏剧表演活动是集培养学生英语语言能力，特别是口语能力和素质教育于一体的重要手段。

目前，在许多英语课堂教学中都融入了戏剧表演活动，但是，多数学校都是以课外活动的形式进行的，而没有纳入课堂教学活动的一部分。作为课外活动，戏剧表演能够创设外语教学的环境，但是，参加课外戏剧表演的学生人数毕竟较少。对大多数学生来说，不是表演戏剧，而是观看戏剧。

实际上，戏剧表演应该成为一种课型，即戏剧课，作为英语教学的一种形式——英语戏剧课，在教学中有其独特的魅力。通过戏剧课，每个学生都有机会在戏剧中扮演一个独特的角色。这为学生提供了使用语言、理解语言和运用语言的机会，也培养了学生与他人合作的意识。

三、真实交际活动

培养学生的口语能力归根结底是为了培养学生在现实生活的真实情境中进行交际的能力。因此，在课堂上，教师需要努力为学生创设真实交际场景，组织学生进行以真实交际为主的教学活动，让学生在活动中说英语、用英语，不断提高口语交际能力。

（一）描述性活动

1. 看图说话

目前，看图说话是课堂上最常见的口语活动之一，也是我国各级类别的口语考试中最经常使用的形式。

一些教师想当然地认为，出示一张图片，让学生用不低于某个数量的句子进行描述是一项简单的任务。其实，看图说话实际上是一项难度很大的真实交际活动。面对考官，描述一张即使是熟悉的图画也不是一件容易的事情，甚至可能会因为交际压力，完全不知道应该说什么。即使本族语者也可能出现这种状况，就更不用说学习外语的学生了。因此，在课堂上，教师要经常提供机会，指导学生进行看图描述活动，以培养他们看图说话的能力。

看图说话可以是一个人独白，也可以是两个人配对，或多人进行会话。在目前的英语课堂上，教师经常使用一张图片或多媒体课件出示一幅图片让学生们进行看图说话活动。但是，多数教师是规定让学生使用某个句型看图说话。在这种情况下，学生往往不感兴趣，于是导致无话可说，教学效果不佳是可想而知的。

另外，教师也可以给出一张图片，并提出一些问题让学生回答，作为对学生看图说话的引导。例如：

What are these people doing?

List the objects in the picture.

What are these people talking about?

Use five words to describe this person.

2. 介绍自己的物品

教师可以让学生把自己喜欢的玩具带到课堂上来向同伴介绍，也可以引导学生滔滔不绝地自由说。每个学生所喜欢的玩具不一样，于是介绍它们时所使用的语言就会各不相同。由于学生所介绍的是自己喜欢和熟悉的玩具，在介绍时自然就会兴趣盎然，有话可说。一般来说，学生在把玩具带到课堂上来，准备介绍给同伴之前，都已经主动事先做了准备，即准备了介绍自己最心爱的玩具时想说的话，这自然就会促进学生自主学习。在课堂上，新奇的玩具、多样的语言给同伴带来视觉和听觉上的全新感受。当一个学生介绍完自己的玩具时，教师可以请演讲者就自己的介绍提出问题，也可以请同伴对介绍进行评论或补充。例如，教师说"What do you have to say about it？"时，学生的热情总是异常高涨，争先恐后地开口说话。

总之，在课堂上，教师可以对某个游戏活动稍微加以改进，如将教师提供实物或图片让学生谈论，改为由学生谈论自己带来的物品，由教师提供一幅图让学生谈论，改为让学生完成一幅图而后谈论等，这样就可以使教学活动与学生的个人生活融合起来，增加真实交际的成分，大大地改善教学效果。因此，怎样根据自己的教学实际，在借鉴的基础上创新，是每个教师应该不断探索的课题。

（二）调查法

调查法指的就是对某个物体、话题或观点进行问卷调查。问卷调查可以在课堂上进行，也可以在课后进行。调查法可以用于英语学习的初始阶段，也可以用于高年级阶段。

调查的问题可以是"When is your grandfather's birthday?""How about your father?""When is your birthday?"等。为了完成调查任务，学生不得不开口说话，运用学过的语言知识，结合自己的交际策略，主动地去询问、做记录，在教师规定的时间内完成调查。调查法是基于解决问题设计的任务，它能够吸引学生积极主动地投入到学习中。同时，调查法使每一个学生都开口说话，与他人进行交际，相对于其他类型的小组活动而言，杜绝了保持沉默、随大流的现象。使用调查法可以问许多真实交际问题，如"What's your favorite sport?"等。这样的调查具有真实的意义，能够锻炼学生在真实交际中的口语能力。

（三）头脑风暴

头脑风暴活动指的是就某一个指定的话题在短时间内说出尽可能多的想法。头脑风暴的理念是，我们从许多的想法中才能找到好的想法。因此，从任何角度与指定话题相关的想法都是有价值的，因为有些想法看起来不存在直接联系，却可能引发其他好的想法。

头脑风暴活动可以在全班范围内进行，也可以在小组内进行。头脑风暴活动可以有多种形式。

1. 利用头脑风暴说单词

教师给出一个话题，让学生说出相关的单词，越多越好。例如，说出描述大城市的单词、说出描写人的外貌的单词、说出球类运动、说出以字母表中的每个字母开头的一种动物、说出夜间出行的动物、说出非陆地行驶的交通工具。

2. 根据某一要求说句子

说出你妈妈在家里做的事情、说出你生气时想干的事情、说出你昨天晚上的活动、说出你有钱时想干的事情。

3. 为句子改词

教师先给出一个句子，让学生对句子做出改变，一次只能改变一个单词，但是改变后的句子必须仍然有意义。例如，教师给出句子"Peter played flute in the band."，让学生进行为句子改词活动。

Peter played flute in the band.

Peter played flute in the orchestra.

Peter played flute in the park.

John played flute in the park.

John played soccer in the park.

John watched soccer in the park.

John watched soccer near the park.

John watched soccer near a park.

（四）小组合作口头汇报

以小组为单位，小组成员之间合作完成一项任务，而后在课堂上向全班做口头报告是培养学生口语交际能力的另一个重要的课堂口语活动。

1. 小组代表汇报

小组合作口头汇报可以有多种形式。其中一种形式是，让学生听或阅读一个语篇，如一个有趣的故事、一则新闻。当学生理解语篇后，教师提出具有挑战性的问题，把学生分成小组，讨论解决问题的方案，然后小组选出代表向全班汇报，从中评选出最佳方案。

在解决问题的整个过程中，无论是小组讨论还是最后的班级汇报，学生都会处于极度的兴奋状态。他们竭尽全力地寻求解决问题的最佳方案，完全沉浸在使用英语进行互动交际的活动中。

2. 拼图式汇报

拼图式汇报是另一种小组合作进行的研究性学习活动。

拼图式汇报指的就是一个话题，小组成员合作完成一个相互衔接连贯的、具有比较完整意义的口语语篇，而后小组成员集体向全班汇报。用于拼图式汇报的材料很多，如谈论一个事件、描述一个物体、讲述一个故事等。

拼图式汇报活动首先在小组中进行，学生们就一个明确的任务自由地进行互动交际，依靠小组成员的集体智慧共同完成一个长话轮，即生成一个具有相对完整结构和意义的口语语篇。拼图式汇报活动有助于训练和提高学生的口语表达能力，对于培养学生的合作精神也具有重要作用。

第六章　英语听说教学研究

本章主要讲述英语听说教学研究的相关内容，从三个方面进行阐述，分别是英语听说教学的原则、英语听说教学的策略、英语听说教学的展望。

第一节 英语听说教学的原则

目前,在英语教学课堂上普遍使用多媒体进行教学,多媒体时代的到来给外语教学,特别是外语课堂听力教学带来了巨大变化。"多媒体教学只是一种手段,而不应成为一个目的,教学的目的自始至终都是使学生掌握外语交际的技能和知识,所以多媒体教材的编辑使用、多媒体手段在课堂中的运用都应以教学法的原则为指导。各种现代化的教学手段都应为达到教学目的服务。如果没有科学的先进的外语教学法,仅凭先进的仪器设备是无法体现真正意义上的先进的教学的"[1]。因此,在目前的英语听说课堂上,在使用多媒体进行教学时,教师应该遵循一定的教学原则,以便使多媒体更加有效地辅助英语教学。

一、认知原则

多媒体资源为课堂上创设目标语环境提供了极大的便利,在一定程度上弥补了外语教学环境中目标语输入在数量和质量上的匮乏。但是,如何合理地使用多媒体资源,对听说教学起着至关重要的作用。"在中小学阶段,运用录音、幻灯片、录像(包括VCD、DVD)及计算机辅助英语教学等教学技术手段进行英语教学效果好差的关键在于是否有大量的合适的视听资料和学习软件。"[2]

在网络资源极大丰富的今天,十分容易找到甚至制作大量的视听材料和学习软件。但是,我们必须首先考虑的是视听材料是否适合既定的教学目标以及所教授的学生的认知水平。从某种意义上来说,视听材料的难易度是决定视听材料是否能够达到既定教学目标的首要因素。因此,在选择视听材料时,我们首先要考虑的是学生的认知水平。就此,我们提出多媒体听说教学的第一个原则,即认知原则。

贯彻认知原则主要涉及两个方面:一是视听材料应该是可理解性输入,二是视听材料需要多方位一体化。

---

[1] 李惟嘉. 外语多媒体教学的原则及实施 [J]. 北京第二外国语学院学报, 2001 (4): 24-30.
[2] 梅德明. 大中小学一条龙英语人才培养模式研究:第 2 卷 [M]. 上海:上海外语教育出版社, 2004.

第一，视听材料应该是可理解性输入。理想的语言输入应该具备可理解性，即语言输入既不能低于或接近学生的现有水平，也不能远远超出他们的现有水平。应该说，可理解性对视听材料的要求比对面对面语言输入的要求显得更加重要，因为在面对面交际中，语言输入偏难或偏简单时可以及时地进行人为的调节，但是，当语言输入为视听材料时，无法进行现场调节。因此，如果视听材料远远高于学生现有水平的话，学生就会不知所云甚至可能放弃收听而开小差，或者把注意力只放到视听材料中的非语言媒介上，这样就达不到学习语言的目的。相反，如果视听材料过于简单，对学生没有任何挑战性，便不能有效地激发学生的思考，使学生失去学习的兴趣，从而阻碍学习的发生。因此，为学生提供视听材料必须认真考虑视听材料的难易度，使它具备可理解性特征，既不能没有难度，又不能难度过大，要符合学生现有的认知水平。

需要指出的是，视频材料的难易度是由多个因素决定的，包括语言本身（如词汇、语法）的难易度、材料中所含文化信息是否陌生、语速的快慢以及学生对语音语调（如口音）是否熟悉等。因此，在选择视频材料时，教师要对视频材料的综合因素进行统筹考虑，使学生的现有水平和视频材料的难易度与总体水平之间存在一定距离，即产生适度的信息差（information gap）满足可理解性语言输入的难易度要求。

第二，所选择的视频材料需要多方位一体化。借助多媒体可以向学生提供丰富多样的视频材料，但是，这些视频材料不是任意材料的堆积，而是要基于教学目标，围绕同一主题，"教学材料需要能够提供多种教学内容，从不同角度呈现同一概念的实例"，使所提供的视听材料多方位一体化，以便学生在不同的情景中，从不同的角度、不同的层面理解语言的意义，深刻理解所教授的语言和文化，并将这些知识内化为自己的一部分，最终能够无意识地理解语言输入，自动化地生成语言。比如，通过播放与课堂教学内容主题一致，但是角度不同的视频材料收到积极的教学效果。在小学二年级课堂上教授"The Three Little Pigs are Scared."的内容后，可以让学生完整地观看童话故事《三只小猪》。这样，学生不仅能够理解句子的含义，而且还能在真实情景中灵活运用，做到举一反三。多媒体的应用形成了一个令人神往的、饶有趣味的教学场景，引起了学生的注意，激发了他们的学习激情。在课堂上学生兴趣盎然，踊跃发言，在愉快的课堂情景中，不但丰富了知识，开阔了视野，还提高了口语表达能力。

总之，在课堂听说教学中，教师需要提供符合学生认知水平的、多方位一体化的视听材料，以便学生可以在充足、优质的语言输入中提高自己的英语听说能力。

二、互动交际原则

传统的教学方法情景法，利用视频，特别是通过播放电影片段呈现语言输入，使学生在语境中理解语言输入，取得了一定的教学成效。但是，情景法播放视频的主要目的是传授语言知识，缺乏教学互动交际，因此，它不能成功地培养学生的语言交际能力。如今，我们借助多媒体进行听说教学要借助多媒体手段，在课堂听说教学中强化互动交际。就此，我们提出多媒体听说教学的第二个原则，即互动交际原则。

在多媒体辅助教学的课堂上，教师、学生和多媒体三者构成了课堂上参与互动交际的三方主体。在以培养交际能力为目标的英语课堂上，教师要充分借助多媒体创设交际情景，组织师生互动、生生互动以及人机互动，让多媒体为课堂互动交际服务，而不能喧宾夺主，让多媒体取代课堂互动交际的现象发生。

学习语言的目的在于使用语言进行交际，反过来，只有通过语言交际才能真正提高语言交际能力。因此，无论是在配备多媒体设备的普通教室，还是在多媒体辅助语言教学的语言实验室，教师都要遵循互动交际原则，努力创设不同的互动交际活动，提高学生的听说能力。

三、以多媒体手段为辅的原则

多媒体辅助听说教学具有许多优势。例如，利用多媒体资源可以优化目标语输入，激发学生的学习兴趣，降低学生的心理压力，提高课堂听说教学的效率，为创建自主学习的平台提供便利条件等。但是，我们必须认识到多媒体在课堂听说教学中始终起着辅助教学的作用，处于从属地位。就此，我们提出多媒体听说教学的第三个原则，即以多媒体手段为辅的原则。

首先，在课堂听说教学中，人必须占据主要地位，扮演主要角色。学生是学习的主体，教师处于指导地位。教师是课堂互动交际的组织者、引导者，这个角色是机器无法替代的。因此，在课堂教学中，教师应该把主要时间和精力用在组织教师与学生之间、学生与学生之间的互动交际活动中，而不应该是看上去纷繁多样的多媒体课件展示，或集体看电影。计算机不能取代教师，屏幕不能取代黑板，视频材料也不能取代黑板上的简笔画，更不能取代课堂上人与人之间的互动交际活动。

其次，使用多媒体为的是达到利用传统教学方式不能达到的目的，如借助多媒体资源优化目标语输入。例如，教师可以通过身边的实物使用直接法教授的内容，就无须使用多媒体展示它的照片，可以直接出示的图片，就无须扫描后放在屏幕上，可以让学生从家里带来自己的玩具向全班同学进行介绍，就无须播放视频资料。也就是说，传统课堂上那些具备现实交际意义的常规教学手段应该保留并继续使用，而不能一味地被多媒体所替代。因此，为了取得使用多媒体达到预期的效果，教师应该根据既定教学目标和教授内容，充分考虑课程的哪部分教学内容，在哪个环节使用多媒体辅助教学，而不是简单地让多媒体充斥在整个课堂教学过程中。英语教学因为多媒体技术的加入更显示出了光彩，然而，在课堂上过多地使用多媒体则会适得其反。作为辅助教学的一种手段，多媒体技术的存在不能作为教师的依赖，这是广大教研工作者必须认识到的。

总之，课堂听说教学必须以人为本，把多媒体设备作为辅助教学的手段，而不是为了体现教学手段的现代化，在整堂课中尽可能多地使用多媒体。简单地说，使用多媒体的原则是，"绝不做书本能做的事"。

四、学生自主学习与教师监督相结合的原则

在多媒体教室上课时，需要遵守学生自主学习与教师监督相结合的原则。

现代外语教育教学理念强调开放式自主学习，认为学习的过程是学习主体主动探究的过程，提倡调动学习者学习的积极性，使他们能够根据自己各自不同的特点，发现、选择、运用自己的学习方法进行自主性学习。在课堂教学中，教师

需要为学生提供个性化的自主学习环境，为学生创设一个开放的、自主的学习场所，使他们可以充分发挥自己的主观能动性，创造性地完成学习任务。

与在配备多媒体设备的普通教室上课相比，在多媒体教室上课的最大特点在于学生每人使用一台电脑。在多媒体教室上课的主要目的是为学生提供个性化学习的平台。因此，在多媒体教室里，教师的首要任务是充分利用多媒体资源，为学生提供自主学习的环境。

在自主学习的环境中，教师可以借助多媒体资源，根据学生的不同层次、不同需要，为他们提供不同的学习内容，安排他们进行自主学习，使每个学生各得其所，探索以个性化学习为核心、以自我教育为导向的新的教学模式。例如，教师可以利用多媒体网络教室中所存储的不同教学软件，给不同程度的学生安排难易程度不同的听说任务，并允许他们自主地选择同一组任务中的学习材料，以符合不同层次、不同兴趣和不同性格差异的学生的需要。另外，教师也可以安排学生组成不同的学习小组，合作完成一个学习任务，如为动画片配音、看图说话、就某一视频片段进行讨论等，在培养学生自主学习能力的同时培养他们的合作精神。此外，个性化自主学习模式还可以延展到课堂教学之外。通过课堂上的指导，培养学生自主学习的习惯和能力，使他们在课堂之外运用互联网查阅资料，自主、自愿、主动地继续学习。

组织学生利用多媒体资源进行自主学习，不仅可以满足个体学生的不同需要，而且可以培养他们以自我学习为导向的理念。但是，多数学生自身还不具备足够的自控能力和自我调节能力。尤其是在多媒体环境中，他们可能难以抵御丰富多样的多媒体资源，尤其是多媒体游戏的诱惑。因此，在安排学生进行自主学习的同时，教师必须充分发挥自己的监督作用，对个体学生进行实时监控，确保他们把注意力集中在学习上。

另外，面对不同的多媒体资源，许多学生在自主学习的过程中会遇到各种各样的困难，如有些学生没有能力选择适合自己程度的学习资源并正确地识别录音中的语音语调，于是不能成功地进行模仿练习，不能顺利地完成配音或者人机对话任务；也有学生甚至不知道自己对哪些学习内容感兴趣等。因此，教师要及时跟踪个体学生的情况发现并帮助他们解决在使用多媒体进行自主学习的过程中遇到的问题。

总之，在多媒体教学环境中，要坚持贯彻以学生自主学习与教师监督相结合的原则：一方面借助多媒体资源为学生创设自主学习的平台；另一方面，不能忽视对学生的监督作用避免放养式现象的出现，以便及时地为学生提供帮助，使他们借助多媒体资源，有效地提高英语听说能力。

第二节 英语听说教学的策略

在多媒体时代，通过多媒体手段的合理利用可以优化外语教学环境下的课堂听说教学，因此，本节着重讲述多媒体英语听说课堂上的教学策略，其策略主要有语境化输入策略、多元互动策略、情感驱动策略等。

一、语境化输入策略

语境化输入策略是指教师运用多媒体手段为学习者创设真实或接近真实的语境，并在真实的语境中提供目标语输入。

语境化输入（situated input）是指把学生在二语习得中的输入放到合适的语境中去，使学生既接触到要输入的语言，同时还感受到这些材料出现的合适语境。大量研究表明，语境化输入，特别是互动交流语境，对二语习得具有重要影响。

多媒体教学资源为听说教学语境化输入提供了得天独厚的优势。借助多媒体资源，教师可以选用多媒体软件、录像、电影、幻灯和图片等媒介，通过多模态的信息输入，为学生的听说训练提供真实或接近真实的背景信息。例如，在视频辅助的听力练习中提供交流语境信息、交际者之间的社会角色关系、交际者的面部表情和手势等信息，可以成为学习者理解听力材料的重要线索。在口语教学中，教师可以组织学生模仿视频中的角色进行角色扮演、为电影配音，或者组织学生进行在线口语交际。学生在真实或接近真实的交际语境中，会更加自如地实现语言的产出。教师可以采用以下基本方法创设语境：

（一）直观语境创设法

教师直接提供英语的原声输入，如英语原版电影、动画、新闻视频、报纸和期刊等，使学生对英语语音、语调、交际方式产生直观印象，培养学生良好的语感、语音语调和语流，使学生沉浸在英语的自然环境中，这就是直观语境创设法。

（二）推理和归纳语境创设法

为使学生理解某一语言项目的使用规则或某一个文化现象，教师不直接讲授,而是通过多媒体为学习者提供在不同场景下这一语言元素的使用情况,让学生在真实情景中去推理和归纳,以便深刻理解和掌握该语言现象。这样的方法既有助于学生深刻理解语言现象并内化语言规则,也有利于培养学生在不同语境中使用该语言元素进行口语交际的能力。学生在观看英语原版视频时有时候不理解"cross one's fingers"(交叉手指)的含义,不明白英语本族语者在什么时候会做出交叉手指这个动作。这是由于文化知识的缺失而带来的理解上的困难。于是,教师可以为学生提供三段分别来自著名的美剧或电影《六人行》《楚门的世界》《成长的烦恼》的小视频,这三段小视频中都出现了交叉手指的动作。教师引导学生根据不同的情境进行推断,让学生自己归纳交叉手指的含义,最终成功地理解了这个手势语的用法,即有时用于说谎,表示请求上帝原谅;有时用于鼓励,为某人加油。

(三)真实交际语境创设法

教师利用 BBS、QQ、微信群或其他网络在线交流平台,让学生在课上或课下进行真实互动交际,实践课堂上所获得的听说语言技能和交际策略,在聊天儿中能够增强使用英语进行交际的热情和自信心。许多英语教师都创设了英语微信群或英语 QQ 群,鼓励学生们在群里用英语聊天、分享自己的故事或者有趣的所见所闻。这样的活动为学生提供了进行真实交际的语境,有利于学生听说能力的提高。

(四)图式语境创设法

教师利用多媒体视频、音频材料,将与教学内容相关的文化图式传递给学生,激活学生大脑中的已有图式,或建立新的相关图式,以帮助学生减少或消除学习障碍。例如,在学习"Thanks Giving Day"之前,为学生播放美国人庆祝感恩节的相关视频,或者向学生展示自己在美国和朋友一起过感恩节的照片。利用这些视频和照片有效地激活或建立关于英美传统节日的图式,为随后学习"Thanks Giving Day"做好必要的前期铺垫。

二、多元互动策略

在传统课堂上，交际互动发生在教师与学生，或学生与学生之间。这种师生互动或生生互动属于直线关系互动。多媒体技术的使用改变了英语课堂的互动交际模式，使课堂互动交际的主体不再停留在"二元主体"交际上，而是出现了"三元主体"交际新模式，即在师生互动和生生互动的基础上，增加了人机互动的渠道。于是，此前人与人之间的直线性互动交际模式上升为教师、学生和多媒体三方之间的立体式互动交际模式。因此，教师要充分利用多媒体手段，组织三方之间的立体交际互动活动，有效地搞好听说教学。

（一）师生互动

在多媒体教学环境中，教师可以充分利用多媒体资源，创设师生之间互动交流的情景。例如，教师可以借助视频、课件，对学生进行提问，发起互动交际，直观、形象地导入新课，教师也可以在播放录音或视频后，从宏观方面与学生进行讨论，如讨论主题思想、说话者的态度等，教师还可以在播放视频材料的过程中随时暂停，就某个部分的内容与学生交换看法。另外，教师可以利用多媒体手段，组织学生开展竞赛或游戏活动，在互动交际中学习词汇语法，或进行语音语调专项训练等。

（二）生生互动

多媒体技术使组织学生与学生之间的互动交际变得更加便利。学生在课堂上进行角色扮演类型的模拟交际活动时，教师可以利用多媒体创设场景。例如，学生以小组为单位在讲台上展示"在机场"的场景对话时，教师可以通过多媒体展示机场的画面，也可以播放航班起降信息的背景播音，使学生在逼真的视听环境中进行角色扮演，进行互动交际。教师也可以利用多媒体提供画面和声音，组织学生进行猜词比赛等，并给出理由。例如，在小学低年级学习单词 tiger 时，教师首先遮挡大部分的图片，只出示老虎的尾巴，学生进行猜测时因意见有分歧，引发了激烈的讨论和争辩。教师随后减少对图片的遮挡，学生的意见仍然存在分歧，教师随后播放了老虎的吼叫声，分歧得以消除。学生在猜测和讨论的过程中，完全沉浸在以多媒体创设的语境中。相比传统的课堂教学，多媒体为课堂上组织学生之间的互动提供了极大的便利。

（三）人机互动

借助多媒体手段，我们可以创设逼真的语言情境，组织师生互动和生生互动，促进人与人之间的互动交流。然而，多媒体独特的魅力还在于它可以搭建人机互动的平台。在大班教学的环境中，教师和学生之间的互动往往是一对多的互动交际，难免会有一些学生被忽略，而学生与学生之间的互动交际，特别是在小组活动中，往往是少数口语能力较强、性格外向的学生得到更多的说话机会。但是，多媒体课堂上的人机互动可以有效地解决这一问题，所以教师应该充分利用多媒体资源，设计人机互动交际活动，例如，在机器上录音、配音，模拟新闻播报，与机器对讲或者进行问答对话等。在学生进行人机互动的过程中，教师可以对不同的学生给予相应的关注和指导。

另外，人与机器（通常是计算机或手机）之间的互动不应局限于课堂上，也可以延伸到课下。通过 QQ 群和微信群，教师与学生之间或者学生与学生之间可以进行一对多的互动交际，对课堂上的互动交际可以起到补充作用。

三、情感驱动策略

情感因素是二语习得效率高低的重要因素。学习者的学习动机、自信心与焦虑等情感因素都直接影响二语的输入与输出。在多媒体听说教学中，教师应该设法利用多媒体资源激发学生的学习兴趣，培养学习者对学习内容的积极情感和态度。

首先，教师可以利用多模态资源设计简洁、有趣的教学内容，借助丰富的图像、音乐、视频信息，激发学生的学习兴趣，并帮助学生扫除心理障碍，释放情感压力。在多媒体环境下进行英语听说教学，教师应该加强自身多媒体技术的操作能力，以便对影视节目、歌曲等进行编辑剪裁，制作简单的动画。例如，在教授如何在超市或车站询问信息时，如果能够先播放一些相关的影视、歌曲片段，学生就可以在轻松愉悦的氛围中理解和习得相关语言。

其次，教师可以开发利用教材中的情感资源，适当进行情感渗透，培养学生对目标语相关文化的认同感，从而培养学生对目标语学习的融入型动机。例如，针对听力教学中涉及的一些习语，如"apple of discord"等，教师可以通过播放希腊神话电影《特洛伊》的片段，使学生理解这个习语的含义，即"不和之源"。又如，如果口语训练的内容涉及英美国家的主要节日，教师可以播放与这些节日相关的动画、视频节目，让学生通过观看视频感受庆祝节日的欢乐气氛。学生对影视图像的美好印象以及由此产生的愉悦的情感会在一定程度上迁移到英语学习之中。

最后，教师要特别注意维护学生的自尊、自信。青少年正处于自我认知的关键时期，对他人的看法非常敏感，十分需要得到老师和同伴的认同。因此，教师在教学设计中，要根据学生的认知水平和语言水平，设计难易适中的听说任务，避免由于任务过于复杂而给学生带来挫败感。同时，教师要对学生在听说练习中的积极表现给予肯定反馈，以鼓励学生大胆尝试目标语的实践运用。教师的赞赏性反馈会有效地帮助学生消除紧张和焦虑。当学生建立了自信心之后，他们对目标语的学习动机和认同感就会得以巩固和加强，于是，自然会在学习中投入更多的精力，最终取得更长足的进步，进入良性循环。

第三节　英语听说教学的展望

尽管目前英语教学存在一些问题，对于学生的学习应该以读写为主还是听说为主的争议也没有定论，但是随着国际交往的日益频繁，以及国际学术交流的逐步推进，学生英语听说能力尤其以学术交流为基础的独白能力培养将日趋重要。基于网络平台的英语听说训练将承担起培养学生英语听说能力的重任。

一、以网络为依托培养基本的英语听说能力

网络具有动态的、非线性的呈现功能，方便快捷的搜索功能，集声音、图像和视频于一体的综合集成功能，能为学习者提供生动、真实的听说材料，非常适合英语听说训练，具有传统教学无法比拟的优势。

（一）个性化的学习方式

学习者通过网络进行英语听说训练，可以选择适合自己水平层次的学习材料，按照自己的进度完成学习任务，避免课堂教学"齐步走""一刀切"的弊端。在学习的过程中，学习者不必担心来自同伴的压力，因为学习者面对的是电脑，不是整班的同学和老师。在课堂，学生往往害怕回答问题错误遭到同伴的嘲笑，担心自己语音不准确而不敢主动发言等。在网络学习中，学生可以模仿地道的发音，放心大胆地说出自己的想法，通过电脑录音，学习者可以检测自己的语音语调和口语表达能力。这样，通过网络可以真正实现个性化的语言学习。

（二）动态化的听说教材

利用网络的非线性和更新功能，可以为学习者提供动态化的听说教学材料。所谓动态化的听说教学材料，即教师根据学生的兴趣和学习需求以及学习水平，随时补充新的听说材料，或者删除学生已经学习过的材料，学习者也可以利用网络的搜索功能，查找自己感兴趣的听说材料。教师在新学期伊始，根据学生英语水平、专业兴趣设计不同层次的英语听说材料，通过网络平台呈现，供学生选择学习，之后，再定期不断充实和更新材料，使教学内容贴近学生实际，满足学生

需求。动态化的听说教材设计必须以学生现有英语水平和英语听说学习需求为基础，以语言真实地道为原则。

（三）全面、动态的评价模式

评价学生的英语听说能力，不能仅看学生开口说话的能力，更不能凭借学生画钩打圈的听力分数。应该根据学生的学习态度、学习表现、理解和表达能力等方面全面评价。评价形式可以采用形成性评价和终结性评价相结合，通过教师评价、学生自评和互评，计算机评价等组成多维立体评价模式。

二、发展学生的高级口语表达能力

如果说学生的日常英语听说能力可以在掌握了一定的英语语言知识的基础上，在适当的语言环境下，经过短时间的训练可以容易获得的话，那么，用英语演讲、辩论和做学术报告的长篇独白能力的发展，则需要开始进行严格的专门训练。一般来说，本族语者都具备日常听说交流能力，但并不是所有的具有日常听说交流能力的人都具备长篇独白的能力。我国的英语教学不能满足于学生能够开口说几句简单的英语，而要培养有条件的学生的高级英语素养。

我国英语教学的周期长，教学手段先进，学生英语水平将随着中学英语教学改革的推进，越来越高。在中学生英语水平真正达到《高中英语课程标准》规定的七级到八级标准后，大学英语教学可以以 ESP 为教学内容，训练学生长段独白的能力。

针对不同专业的学生，尽量通过相近学科组织有针对性的英语听说教学。如对学习社会科学（文学、历史、政治、语言等专业）的学生，着重训练英语演讲和辩论的能力，而对于理工科的学生，则把能在国内和国际会议上做相关领域的学术报告作为重点。

英语学习的终极目标应该是："站起来能说，坐下来能写。""站起来能说"指的是能说出一段条理清晰，有逻辑性、有内容的话语；"坐下来能写"指的是能写出观点明确、条理清楚、内容丰富、有说服力的文章。作者相信，"站起来能说"是今后英语听说教学的培养目标，未来的英语听说教学定能交出一份满意的答卷。

参考文献

[1] 王静，韩梅.大学英语口语教程[M].重庆：重庆大学出版社，2019.

[2] 曹京华.实用现代英语听力[M].昆明：云南大学出版社，2016.

[3] 刘芳.大学英语写作与口语产出式教学探究[M].武汉：华中科学技术大学出版社，2021.

[4]Arthur Brookes，Peter Grundy.英语写作教学[M].刘道义，导读.北京：人民教育出版社，2000.

[5] 曾屹君.英语写作教学理论与实践新探索[M].长春：吉林出版集团股份有限公司，2022.

[6] 何超群.基于英语语音对比的听力教学研究[M].北京：煤炭工业出版社，2017.

[7] 陈琳琳，何昳文，桑香荣.英语听力与阅读教学方法策略研究[M].沈阳：辽海出版社，2019.

[8] 创想外语研发团队.英语口语达人炼成记[M].北京：旅游教育出版社，2019.

[9] 丁煜.英语口语核心技能进阶[M].武汉：华中科技大学出版社，2019.

[10] 陈昌义.英语听力之攻略[M].上海：上海财经大学出版社，2014.

[11] 陈冬纯，陈芝敏.英语阅读的三重境界：诠释学融合视角[J].外语教学，2022，43（6）：77-82.

[12] 游洪南，李美瑶.英语学习活动观视角下的高中英语阅读教学设计探究[J].甘肃教育研究，2022（10）：45-48.

[13] 尹海燕.基于语篇分析理论的大学英语阅读教学实践[J].沈阳大学学报（社会科学版），2022，24（5）：542-549.

[14] 贺小平. 思维导图在高中英语阅读教学中的应用研究 [J]. 中国教育学刊，2022（S1）：182-183，188.

[15] 陈丹丹. 动态评价视角下网络同伴互评对英语写作质量的影响 [J]. 外语电化教学，2021（2）：17-23，3.

[16] 程晓堂，陈萍萍. 基于大数据的英语阅读能力培养及测评体系构想 [J]. 外语电化教学，2019（2）：40-44，60.

[17] 李奕华. 基于动态评估理论的英语写作反馈方式比较研究 [J]. 外语界，2015（3）：59-67.

[18] 王海啸. 大数据时代的大学英语写作教学改革 [J]. 现代远程教育研究，2014（3）：66-72，86.

[19] 张湘. 英语阅读教学中的图式交互可视化研究 [J]. 中国电化教育，2014（3）：123-128.

[20] 朱慧敏，王俊菊. 英语写作的词汇丰富性发展特征———一项基于自建语料库的纵贯研究 [J]. 外语界，2013（6）：77-86.

[21] 江恩慈. 基于合作学习策略的初中英语口语教学实验研究 [D]. 广州：广东技术师范大学，2022.

[22] 文敏. 高职生英语听力焦虑、焦虑自我调节策略与听力成绩相关研究 [D]. 呼和浩特：内蒙古师范大学，2022.

[23] 胡心语. "互联网＋教育"背景下英语专业高年级学生口语自主学习策略研究 [D]. 大庆：东北石油大学，2022.

[24] 黑慧霞. 基于产出导向法的高中英语口语教学实验研究 [D]. 延安：延安大学，2022.

[25] 孙晨晨. 元认知策略在高中英语听力教学中的实证研究 [D]. 贵阳：贵州师范大学，2022.

[26] 张浩桐. 结合信息技术的情景教学法在初中英语听力教学中的应用研究 [D]. 重庆：西南大学，2021.

[27] 马洁. 英语趣配音 APP 在初中英语听力学习中的应用研究 [D]. 延安：延安大学，2021.

[28] 汪欢. 初中英语口语交际教学的研究 [D]. 武汉：华中师范大学，2021.

[29] 符介喆. 少儿趣配音 App 在小学英语口语作业中的应用研究 [D]. 上海：华东师范大学，2020.

[30] 贾小霞. 微视频支架式教学在初中英语听力教学中的应用研究 [D]. 呼和浩特：内蒙古师范大学，2020.